歴史文化ライブラリー
80

町火消たちの近代

東京の消防史

鈴木　淳

吉川弘文館

目次

町火消にとっての近代

1　町火消にとっての近代

毎年正月におこなわれる東京消防庁の出初式《でぞめしき》では、社団法人江戸消防記念会によって階《はし》子《ご》乗りの技が披露されるのが恒例になっている。いうまでもなく階子乗りは江戸町火消《まちびけし》の鳶《とび》たちの技で、これに相当するものを当時江戸の警察を担当していた町奉行所の与力《よりき》衆に求めれば、幕末に彼らが熱心に練習していた十手《じって》を振ってその柄に巻いた紐の先端の房をぱっと開かせる技（『戊辰物語』岩波文庫）にでもあたろうが、警視庁の出初式で十手を振ったとか、自衛隊の正月行事で騎馬武者が流鏑馬《やぶさめ》をするのが恒例だとかいった話は聞かない。少なくとも東京においては、消防組織だけが、江戸時代からの伝統を重んじているのである。

もちろん、技術的な面での江戸時代との隔絶は明らかである。時代劇ファンなら、殺人事件の現場に目明《めあか》しの伝七親分でも出張ってくれれば心強いかもしれないが、地下街やマンションの火災現場にいずれかの辰五郎《たつごろう》が「め組」や「を組」を率い、纏《まとい》や竹階子《たけばしご》を持ってやってきても納得しないであろう。消防の技術は、建造物の進歩やほかの分野での技術開発に対応して日々発展してきている。明治以後の東京の消防も、江戸の町火消からはじまり、腕用（手動）ポンプ、蒸気ポンプ、近代水道等の近代的技術の導入によって変容し、大正期にいたって消防車を中心とする体制となる。しかしこの間、その人的な担い手としては、町火消の流れを汲む消防組が、昭和一四年（一九三九）の警防団設置まで活躍しつづけた。これが現在も伝統が重んじられる最大の要因である。

一方で、消防組の意味は、費用負担方式の変化や、新装備、あるいはほかの担い手の登場によって変化していく。これらの変化・変容の背景となったものは、近代建築や近代上水道、また車両の通行できる道路の整備といった土木建築分野での技術的変化や社会資本の整備であるとともに、行政制度や東京に住む人々の意識の変化、すなわち東京の近代史そのものであった。

江戸時代の町火消は、消防の担い手であると同時に町人の花形であった。文化的な花形性は明治にも引き継がれ、町火消「め組」と相撲力士との喧嘩を扱った歌舞伎「神明恵和《かみのめぐみわ》合取組《ごうのとりくみ》」が明治二三年（一八九〇）に初演され、好評を得て現在まで繰り返し上演されているように、明治期に完成された面もある。また日露戦争前後からは内務官僚によって江戸町火消の義勇精神が全国的に喧伝されていく。

江戸の火消については繰り返し多くの著作が世にあらわれ、近年も山本美純氏の『江戸の火事と火消』が刊行された。また山口政五郎氏の『鳶頭《かしら》政五郎覚書　とんびの独言《ひとりごと》』は現代に引き継がれている町火消の伝統文化とその歴史的前提を、その世界の内側から描いた好著である。しかし、新たな国家体制の成立や新技術の導入によって、そのあり方に激変を生じたと考えられる明治・大正期の町火消＝消防組については、概説的な通史以上の情報を得るのはなかなか困難である。本書は、町火消の世界から見れば周辺的な史料にたよりつつ、手探りながらその「近代化」の過程を描こうとするものである。

江戸時代の町人世界の花形であった町火消たちにふりかかった「近代化」は、同じ時代を生きた人々が迫られ、また果たしていった「近代化」を象徴し得るものであったと筆者は考える。

江戸の火消

江戸の消防制度

征夷大将軍徳川氏の城下町として世界最大の都市に成長していた江戸では、空気が乾燥して強風が多い冬季に大規模な火災が発生しやすかった。

江戸最大の災害

明暦三年（一六五七）一月の明暦大火は一〇万余名の死者を生じたと伝えられ、中心街にあって火災で類焼することが多かった劇場中村座は一六五七年から一八四一年までの一八五年間に三三回全焼し、最後の火災が自家からの出火であったために浅草猿若町に移転させられた。平均して五、六年に一度は焼けたのである。また、みずから火を発することがなく、かなりの大火でなければ類焼しない日本橋ですら江戸時代を通じて八回焼け落ち、二回半焼したという（西山松之助—一九七八）。

同時代のヨーロッパの諸都市では、最大の災厄は戦争とペストやコレラといった伝染病であったが、幕府の下で平和を謳歌し、鎖国のためにこれらの伝染病とも無縁であった江戸では、最大の災害はまちがいなく火災であった。もちろん、忘れたころにやってくる大地震も脅威ではあったが、低層の木造住宅を中心とした近代以前の日本では、地震に際しても建物の倒壊より火災の方が多くの損失をもたらしやすかった。

火災の予防や初期消火は当然ながら住民の義務であったが、ひとたび本格的に出火した場合、人々に家族で助け合いながら避難したり、自家あるいは主家や日ごろからの出入り先の家財を搬出する以上の活動を要求するにはなんらかの制度や組織が必要であった。そして、これらの体制がなければ、火事は町々の続く限り燃え広がり、実際に幾たびか繰り返されたように、堀を飛び越えて江戸城へも類焼した。消防の体制作りは幕府にとって重要な課題であった。

江戸の消防組織は当時の社会のありかたを反映して、武家と町人の二つの担い手によって構成されていた。

大名火消

幕府は当初、老中・若年寄の指揮の下で、大番組・鉄砲百人組など、江戸在住の旗本以下の直轄部隊を動員して消火活動にあたらせたが、参勤交代が定着して江戸の屋敷に各大名の家臣たちが居住するようになると、大名に消防活動を命じるようになった（以下、制度面は池上彰彦一一九七八による）。

幕府は領地の安堵《あんど》の代償として大名以下に軍役などの役を命じることを国家体制の基本としており、消防もこの手法によったのである。必要が生じた際に幕府から老中奉書《ほうしょ》によって個別の大名に命じる奉書火消のほか、寛永一六年（一六三九）に江戸城本丸から出火して焼失するという幕府にとって深刻な不祥事が生じると、特定の大名に江戸城や城内紅葉山霊廟の防火を命じた。これは、出火を覚知すると指示を待たずに出動して防火にあたるもので、後に城外の幕府関連施設にも拡大され、元禄年間（一六八八〜一七〇四）には三六家にそれぞれ担当の持場が割り当てられており、大名所々《しょしょ》火消《びけし》と称された。

明暦三年（一六五七）の明暦の大火は、江戸のほぼ全域を焼きつくし、天守閣はじめ城内の施設の多くも失われた。これにより幕府は、火災に際しては町人地・武家地・城中の別なく、江戸が一体であることを認識し、その後の火災の続発もふまえて、総合的な火災対策を進めた。それには、大名・旗本屋敷や寺院、町の移転、広小路や防火堤の建設など、都市計画的な防火政策とともに、消防組織の再編が含まれた。

大名火消では方角火消の制度が整えられた。従来から中小の大名に火消役が命じられ、交代で消防人員を待機させていたが、大火の直後に一二家を桜田・山手・下谷の三組に分けてそれぞれの担当地域を明確化して火災を覚知次第出動する体制となり、これは幾度かの制度変更の後、正徳六年（一七一六）に大手組・桜田組の二組が、出動の知らせを受けると、江戸城のそれぞれの名の門に集合して指示を待つとされた。ほかの消防組織の整備により、後詰の役割に転じたのである。

定火消と町方の火消

武家方の火消として新たに加わったのは、幕府の負担による定火消《じょうびけし》である。幕府は大火の翌年に四名の旗本にそれぞれ与力《よりき》六名、同心《どうしん》三〇名と人足《にんそく》三〇〇名分の扶持《ふち》を与えて二名ずつ隔日での火の番を命じた。彼らはそれぞれ火消屋敷に入り、定数の与力・同心と一〇〇名程度の人足を常備した。組数は江戸の復興とともに四年間で一〇組に増え、元禄八年（一六九五）には一五組に増強されたが九年後に一〇組に戻された。定火消は武家地・町人地の隔てなく、江戸城周辺の割り当てられた地域に出動したから、江戸城防衛に主眼があるとはいえ、最初の公共性をもった常備消防組織であったということができる。

イギリスのロンドンでは一六六六年に住宅一万三二〇〇戸ほかを焼失した大火の後、火災保険会社が主に保険の対象となった財産の保護のために消防隊を組織した。これが近代に連なる常設消防組織の嚆矢《こうし》といわれている。江戸はこれに先んじたが、江戸城の保全に主眼を置いた幕府の費用による活動と、民間の財産保護を目的とした営業活動の一環としての活動という二つの組織の成立ちの違いは、当時の世界の二大都市のそれぞれのありかたを反映しており、その性格ゆえに、定火消は幕府と運命を共にすることになる。

町方の火消もこの時はじめて整備された。大火の翌年、中橋～京橋間の二三ヵ町が計一六七名の人足を用意して地域内の消防にあたり、また周辺の火災には火元に近い境界部に集合するという規約を作って届け出た。幕府はこれを受けて二ヵ月あまり後に、この地域の北側にあたる町人地を日本橋川や新たに設けた防火堤などの防火帯を境に四地域にわけてそれぞれ組とし、同様の活動を命じ、また、その他の孤立した町人地では火元に駆けつけて消火にあたるよう命じた。もっとも、これはすぐには徹底しなかったらしく、翌々年に同文の触《ふれ》が出された後、さらにその翌年の寛文元年（一六六一）には、火元と周辺のあわせて九町から消火にかけ集まるように改めて命じられた。

享保年間の消防組織再編

明暦大火後につぐ消防組織の再編は、享保二年（一七一七）一月に小石川・本郷・神田・日本橋・京橋と燃え広がる「小石川馬場の火事」といわれる大火があって江戸城が危機に瀕したことを背景に、将軍徳川吉宗、町奉行大岡忠相《ただすけ》の在任中になされ、江戸時代の終わりまで続く消防制度が形づくられた。

各大名には従来の所々火消や方角火消に加えて、享保二年にそれぞれの屋敷の近傍の定められた範囲での火災をなるべく早い時点で消火するために出動することが命じられた。これを各自火消（三町火消、または近所火消とも）という。大名の自衛消防隊の出動は従来から御三家や加賀藩など一部には認められていたが、それを全大名の義務とし、翌年には中屋敷・下屋敷でも家来を置いている限り同様の勤めを果たすよう命じた。享保四年には旗本にも、「両隣向裏」の屋敷まで出火の節に家来を差し出すことを命じ、武家地全域での初期消火の体制が整えられた。

町火消の制度もこの時期に再編された。まず享保三年に、出火町の風上二町、風脇左右二町宛都合《ずつつごう》六町から、それぞれ名主・月行事をそえた三〇人ずつが出て消火にあたることを命じた。これは寛文元年の規定の延長上にあるが、風下町の出動を免じたことと、人数が規定されたことで、より現実的かつ厳格なものとなった。これが享保四・五年に再編されて、「い」「ろ」「は」以下の四七組（「へ」「ひ」「ら」「ん」は「百」「千」「万」「本」に替えられた）が登場した。これは四（き組）～六七（よ組）個の町を組合にして、組合地域内の出火に駆けつけ、組合外の出火でも風向きにより延焼の危険があれば組合の境界に集

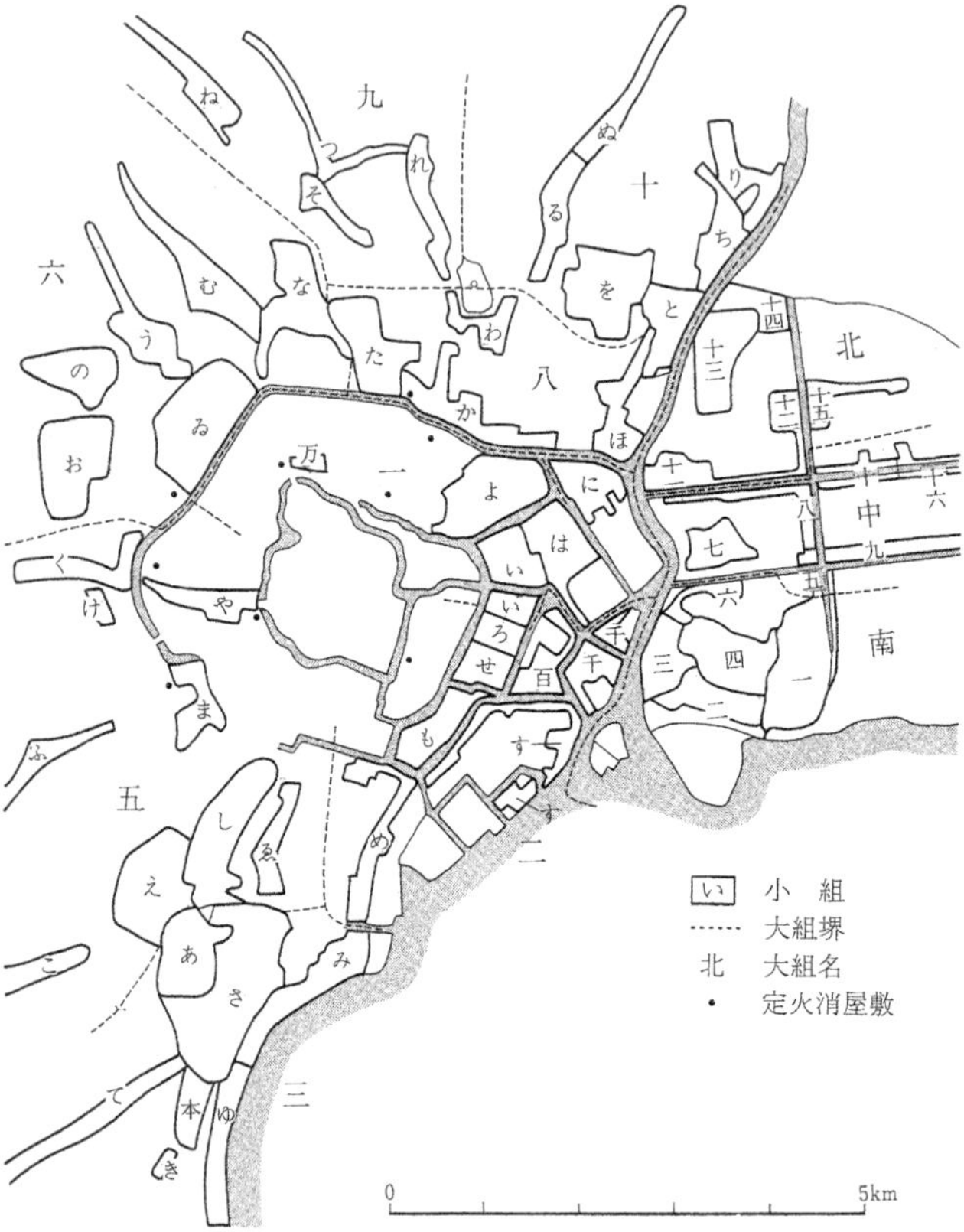

九
ね
つ
そ
れ
ぬ
十
り
る
ち
六
む
な
を
と
十四
う
わ
北
た
十三
の
八
十二
十五
ゐ
か
万
ほ
お
一
に
十一
十六
よ
八
中
は
七
く
九
い
五
け
や
い
六
ろ
千
南
せ
三
四
百
千
ま
二
一
も
す
ふ
五
す
し
め
ゑ
二
え
あ
み
さ
こ
て
三
本
ゆ
き
0
5km
い　小　組
大組堺
北　大組名
・　定火消屋敷

町　火　消　の　配　置

まって防ぎ、また幕府役人の指示があれば組合地域外へも出動するというものであった。

平均的には十数ヵ町からなり、また地形に配慮した組設定であったから、享保三年の規定以上に現実的で、多数の人足を集められたはずである。しかし、一町三〇名の人足はかなり過重な負担であったため、町名主らに諮問のうえ、享保一五年正月に四七組を一番組から十番組までの一〇の大組に分け、一町あたりの人足を一五名に半減した。この人足数は九三七八名で江戸町人の約五〇名に一人にあたった。大組の設置により、出火時には大組内の風下以外の町々の人足が奉行所の指示を待たずに消火にあたることになった。元文三年（一七三八）に大組は八組に再編され、またこのころまでに本所深川にも大組三組（小組一六組）が設けられた。この大組一一、小組六三組体制が幕末まで続く。

町火消御城へ

町火消は当初は町人地の初期消火や武家火消が対応しない場所での消防にあたる位置づけで、定火消や大名火消といった武家火消が来ると屋根から降りて消し口を譲っていた。しかし、享保三年（一七一八）からは、武家火消の到着後もそれと並んで消火にあたることになり、武家火消の補完の立場から、町人地に関してはこれと並ぶ地位へと上昇した。また、享保七年には従来町人地に隣接した武家屋敷まであった出動範囲が、組合町々から二町（二一八メートル）以内へ拡大されて武家地の一部を守備範囲に加え、享保一七年には幕府の浅草御蔵の防火を命じられて幕府施設の消防体制の一翼を担うようになった。

一方で、大名火消の方角火消は元文元年（一七三六）に、江戸城の風上の火災か大火の時に限り出動することとなった。武家地・町人地ともに出火場所付近の消防組織と定火消の二重の出動体制が整ったため、予備に転じたのである。

延享四年（一七四七）四月一六日、江戸城二の丸が大奥からの出火で全焼した。この時、大名火消や定火消が消火にあたったが、鎮火後、町火消一七組四八九八名が町奉行所役人の指揮の下で夜を徹して余燼《よじん》消しにあたった。町火消も江戸城の防火に参加することになったのである。そして早くも六日後の四月二二日、城内竜《たつ》の口《くち》御畳《おたたみ》蔵《ぐら》の出火に際して、町火消が直接消防に参加した。町火消の組織化にあたった大岡忠相は寺社奉行に転じていまだ健在、徳川吉宗も隠居中であり、彼らは町火消の役割の拡大を見ることができた。

その後天明二年（一七八二）に下谷七軒町の御家人の組屋敷からの出火に際して、道を隔てて隣接する秋田藩佐竹家の各自火消の纏を、遅れて駆けつけて消し口を奪おうとした町火消が突き落として乱闘となった。これを契機に、定火消が駆けつけたら町火消が消し口を譲って防ぎ方に回り、その他の武家火消は町火消しが駆けつけたら消し口を譲って防ぎ方に回ることが定められた。幕府直轄の定火消には一歩を譲るものの、大名火消より町火消が優先的に活動できることが示されたのである。ついで寛政四年（一七九二）には、町人地の出火には風が烈しい大火の場合を除いて定火消は出動しないと定められ、町人地の消防が基本的に町火消に委ねられた。この背景には町火消の技能の高さがあったことはいうまでもない。

その後、天保九年（一八三八）に江戸城西の丸から出火すると、町火消の大組八組が定火消とともに城内で消防にあたり、一部の門を守り通し、天保一五年の本丸炎上に際してはすべての大組が城内に入り、死者を出しながらも多くの建物を類焼から守った。町火消は着実に実力を伸ばし、この時期になると幕府中枢の江戸城の防御自体も町火消に負うところが大きくなっていたのである。次に、この町火消の実力をもたらした人と技能について考えたい。

鳶と火消

鳶

江戸の町火消、そしてそれを引き継いだ近代の消防組の基本的な担い手は鳶《とび》であった。鳶とはどのような人々であったのだろうか。いうまでもなく現在の鳶職がその流れを汲むものであり、高所での作業を得意とすることなどは共通している。しかし、江戸時代の鳶の仕事はより幅が広かった。

鳶を含めて、江戸で自己の技能と体力によって賃銭を得て暮らしを立てた人々を江戸幕府は職人と日用の二つに類別し、それぞれに幕府に対して果たすべき「役」を課した。鳶はこのうち日用に分類され、その中では公定賃金が最も高かった。特定の技能で特徴づけられる大工・左官等の職人に対して、主に体力を発揮してさまざまな役割を果たす日用の中で最上級のものと位置づけられたのである（吉田伸之—一九八七）。鳶には地形《ちぎょう》工事や足場掛け、あるいは重量物運搬などの高い技能があり、それゆえにこの分野で最も高い地位を得ていた。

一方で、鳶のこのような性格は、同じ鳶の中にかなり多彩な活動領域と技能の水準を持つものがいることを意味した。営業の形態も町人地での一般的な営業のほか、幕府の小普《こぶ》請方《しんかた》の抱《かかえ》や各大名屋敷の抱などがあり、実態は鳶でも別の名称を名乗る場合もあった。宝永六年（一七〇九）六月の町触《まちぶれ》では、これらすべてが日用座の支配を受け、日用座に札銭を払って札を受け取るよう、改めて命じられている。日用座は集めた札銭で幕府の御用人足役を果たした。またこの町触は「鳶の者ども此以後《これいご》我儘《わがまま》仕《つかまつ》らず、あばれ申さざる様に、家主並びに鳶入口《いれくち》又は請人とも常々念入れ申付《もうしつ》く」（『徳川禁令考』）。なお引用史料は適宜読み下し、送りがなを補った）ことを命じていた。鳶はわがまま、あるいは暴れる者として幕府に問題視されており、日用座による統制はそれへの対策としての意味ももっていたのである。

鳶の排除

享保五年（一七二〇）、幕府は諸大名に対して、従来大名火消や定火消が鳶を雇用していたが、定火消は前年から鳶を雇うことをやめており、それ

で差支えないので、大名火消も鳶を排除するようにと達した。町火消に関しても、享保四年二月に町々名主へ、

火消人数の内、抱鳶《かかえとび》の者これ有る様に相い見え候《そうろう》。此《こ》の儀、御上思召《おかみおぼしめし》に相叶《あいかな》い申さず、宜《よろ》しからず候間《そうろうあいだ》、重《かさね》て鳶の者抱置《かかえおき》候事《そうろうこと》、無用《むよう》然《しか》る可《べ》く候《そうろう》。（同前）

と、鳶を雇わないことを強く命じた。この結果初期のいろは組では、享保六年に町名主たちが「家持《いえもち》の家来《けらい》も相交《あいまじ》り、店《たな》の者も順番に相勤め申し候」と上申しているように、住込みの使用人や一般住民が交代で出動した。組の名の由来から町火消の発祥と考えられがちな享保のいろは組設定は、鳶による消防活動という観点から見れば、その中絶の試みであった。

なぜ鳶の排除が目指されたのであろうか。四年六月の町触に、

鳶の者ども、町方に於《おい》てあばれ、其上《そのうえ》常々《つねづね》意趣《いしゅ》これ有る者えも火々の節《せつ》あだいたし候由《そうろうよし》相い聞こえ候。（同前）

とあることが参考になる。すなわち、鳶が町方で乱暴をすることと、火事の際に日ごろから恨みを懐いている者へ復讐することが問題視されていたのである。一〇〇年あまり後の文政七年（一八二四）にも「消し口の働き見せ候ため、又は遺恨などにて、呼び火、継《つ》ぎ

火《ひ》致し候ものもこれ有るやに相い聞こえ、別して不届きの至りに候」（『東京市史稿　市街篇、三六』。以下『東京市史稿』は篇名、巻数のみ記す）との触《ふれ》があるから、現実にはともかく、そのようなことをおこなう鳶がいるという認識は長期間にわたってもたれていた。消火活動を彼らに任せると、このような実力を背景に寄付の強要などがおこなわれたことが想像できる。

「町方に於てあばれ」の方でも、この時代に大きな問題が生じていた。享保三年一二月に本郷の町人地で定火消と加賀藩の各自火消の乱闘が起こり、死者が生じたが、ここで乱闘の主役となったのは双方とも鳶だったのである。この乱闘は両火消の出動範囲が重なりあっていたことが背景であるが、当時幕府は、意図的に出動範囲を重ねることで確実な消防体制を築こうとしていたから、このような事件の発生は消防体制再編の根幹を揺るがしかねなかった。そこで、すべての火消から鳶人足を排除することが命じられたのであろう。

町抱・駈付

しかし、一般住民が火消人足となった結果、人数が定数通りに集まらず、また逃げ帰ってしまうという問題があらわれ、早くも享保六年（一七二一）正月に町奉行所から三〇名の人足のかわりに一五名か二〇名の「丈夫《じようぶ》成者《なるもの》を抱置《かかえおい》」てはどうかとの提案がなされる。これは費用が増加するという町名主たちの反対で実現せず、同一五年の大組設定による人足定数の半減を経て、結局は天明七年（一七八七）に従来の人足定数の半分程度の鳶を差し出し、大火の際に限り残りの店人足《たなにんそく》を差し出すことになった。

このきっかけとなったのは、せ組の町々の名主たちの、町内の人足（店人足）では「消防働方」が行き届かないので、従来から町々で鳶を雇って店人足と混ぜて差し出しているが、鳶人足は「出火場働方格別《かくべつ》目立《めだつ》」のに対し、店人足は老人もまざり、「家根《やね》上働《うえばたらき》」ができず、逃げ出すものもあるので、以後は鳶だけを差出すかわりに、人数を減少させたいとの上申であった（市街篇、三〇）。各町の判断で徐々に鳶が雇われるようになっており、この時に鳶だけで町火消を編成することが制度化されたのである。

幕府の姿勢は大きく転換したように見えるが、鳶人足の排除の意図が、彼らを担い手としたままで消防組織を拡大することによって闘争や火事場での悪事などが激しくなるのを防ぐためだとすれば、一時的に鳶を排除してみせるだけでも、ある程度は目的を達したにちがいない。吉宗や大岡忠相は、それくらいのことは考えたであろう。

鳶は、各町で一人ずつが町抱《まちかかえ》として決まった給金を受け、また数名が駆付《かけつけ》として低額の足留め銭と火事場への出場の際の手当てを受けた。「せ組」に属する三〇の町々は享保一五年の制度で二八一名の火消人足の差出しを命じられていたが、天明七年にこれを七〇名の鳶人足に代えることを認められた。その際、各町に一名ずつを町抱とし、残りを駈付としたほか五名の階子持《はしごもち》と一〇名の竜吐水《りゅうどすい》持は組合抱として「せ組」町々全体から給与を受けた。寛政三年（一七九二）には各町から町抱鳶にそれぞれ年額二一〜三一貫文の給与が、駈付鳶には同一貫文の捨銭《すてぜに》が与えられ、木綿法被《もめんはっぴ》・股引《ももひき》・革頭巾《かわずきん》代が支給された。出火の際には駈付鳶と組合抱鳶の賃銭、そして弁当代が支出され、このほか纏《まとい》、竜吐水、火の見櫓《やぐら》などの火消道具の修理代も町々の負担である（鮎川克平一九七九）。

町火消鳶の経済的基盤

町から給与を得た町抱鳶でも、その額は年一九〜二六貫文の木戸番《きどばん》と大差ない。木戸番小屋として町から住居を提供されていた木戸番もこの収入では生活できず、木戸番小屋での商業を内職としていたのであるから、町抱鳶ももちろん町からの給与だけで生活していたわけではない。

吉田伸之氏の研究によれば、町火消の鳶は、町火消としての収入のほか、武家方・町方の土木・普請工事をおこない、また富裕な商人の店抱《たながかえ》の火消としての収入を得ていた。武家方では、大名や小普請方が幕府から課された道普請などの江戸での普請役を果たすために町火消を小組《こぐみ》単位で雇用する例があった。また、町方では、それぞれの町抱となっている町や、小組の範囲内での土木・普請を独占していた。店抱は、日ごろから出入している商家から給金を受け、日常の仕事に加え、火災時にその店の自衛消防の中心的な役割を担うものである。天保五年（一八三四）には、

> 近来、町火消人足共《ども》出火場え出方《でかた》数《かず》なく、右は全く店向《たなむき》え抱られ候者多分にこれあり、大火の節は勿論、左様にこれなき出火にても、抱え候方《そうろうかた》風筋《かざすじ》宜《よろ》しからず候節は、其者方え罷《まか》り越《こ》し、自然出火場の方等閑《とうかん》に相心得《あいこころえ》候者もこれある由相聞《よしあいきこ》え、不埒《ふらち》の事に候。（市街篇、三八）

として、それぞれの町抱が駈付の人数を揃えて集合するように改めて命じられた。町火消と店抱の二重の性格を持った鳶が後者を優先することによって、町火消の人数が揃わないという問題が生じたのであり、吉田氏はこれを「一群の『富有之者』＝商人・高利貸資本の存在が、鳶集団の編成に別の契機を付与し、これが町火消制という公共的な防火システムをその足元から攪乱している」と評している（吉田伸之―一九八七）。さらにいえば、享保一五年正月の大組設置の触に、

> 壱組《ひとくみ》の内にても風下の町々よりは人数出兼《でか》ね候につき、今度四拾七組を拾組に割り、其《そ》の組合の内にて風上風脇の町々より馳集まり火消し候様致すべく候。其の組合の内

風下の町々は飛火これなき様、自分〳〵町内を相い防ぎ申すべき事。（市街篇、二二）

とあるように、町火消の制度は元来、延焼が予想される風下町々の人足の出場までを期待していなかった。自分の家や町の延焼を見捨ててまで火災全体の鎮滅という公共的な使命を果たすことは町火消には要求されておらず、風下の町の町火消が抱主の店に行って働くのはなんら差支えなかったのである。この点で町火消の制度自体に公共性という面では一定の限界があったと考えられよう。

人足頭取

鳶人足による町火消の体制が定まったのち、寛政九年（一七九七）に町奉行所は二百七十余名の人足頭取《にんそくとうどり》を任命し、鳶たちが火事場で口論したり、申し合わせて町々に「手支《てづか》え」させる、すなわち集団の威力で自己の利益を主張することを取締り、また「消防格別相励み候様」とりはからわせることにした。これは直接にはその直前に日用座が廃止されたことに対応する鳶の横暴を防ぐ新たな体制づくりであった。

一方で従来町火消は、少なくとも公式には組頭《くみがしら》といった鳶の責任者は選ばれず、付き添う町名主や、町の家主が交代で就く月行事の指図に従うことになっていた。そこで、鳶人足の中から頭取が選定されることは、町火消が、各町から出た人足の集合体であるだけでなく、鳶の独自の組織としての自律性を認められることを意味し、鳶の誇りとなった。

頭取の選定と同時に纏に付き添って組の進退を差図する纏番《まといばん》名主の制度が作られ、町役人による差図や管理の体制も強化されたが、鳶の管理については人足頭取の方がより重い責任を持たされた。火事場での喧嘩は毎度のことであったが、文政七年（一八二四）二月の霊岸島南新堀町二丁目からの出火が一段落した直後のそれは、十数年来の「よ組」と「か組」の対立を背景に六つの大組がからむ大喧嘩となり、多数の怪我人のほか即死者まで生じる空前絶後の大騒動となった。これに対して町奉行所は、四人の人足頭取に遠島《えんとう》、二九人に手鎖《てぐさり》を命じたが、町役人には纏番名主一六名が過料《かりょう》（罰金）三貫文、当番名主一七名が過料五貫文の処分にとどまっている（市街篇、三六）。

なお、頭取は小さい小組では一人であるが、ほとんどの小組には複数おり、最多の「よ組」には一〇名いた（『泰平纏一覧』）。

江戸の華

「火事と喧嘩は江戸の華」といわれるが、鳶は火事場と喧嘩場の双方で活躍したまさに江戸の華の担い手であった。鳶たちは身に彫物《ほりもの》をして火事や喧嘩の舞台でその勇気を競い、頭取などの幹部は衣服や宴席で華美や豪奢《ごうしゃ》を競った。池上彰彦氏の研究によれば、一八世紀末の天明年間以来町火消と武家火消の喧嘩が見られ、一九世紀になると町火消の地位の向上を反映して町火消同士など町方同士の抗争が目立ってくるという。文化二年（一八〇五）に芝神明《しばしんめい》社境内の勧進相撲をただで見物しようとした「め組」頭取の倅《せがれ》の辰五郎を力士九竜山が咎《とが》めたことをきっかけとし、翌日、拍子木《ひょうしぎ》や半鐘《はんしょう》を打ち鳴らして駆け集まった「め組」の鳶と相撲取との間に繰り広げられた神明社境内での喧嘩は、鳶の側に喧嘩の傷による死者一名と牢死者一名を出して江戸中の話題となり、一七年後には「御摂曾我閏正月《ごひいきそがうるうしょうがつ》」として歌舞伎の舞台に上り、大好評を得た。

歌舞伎には関係者にはばかって現在の話題を過去のものに置き換える慣わしがあったが、武家同様、町火消もはばかられるべき対象であった。寛政一一年（一七九九）に式亭三馬《しきていさんば》が前年の町火消同士の喧嘩を取り入れて黄表紙《きびょうし》『俠太平記向鉢巻《きゃんたいへいきむこうはちまき》』を刊行したところ、鳶を侮辱したものだとする「よ組」の鳶が三馬と板元《はんもと》の家を打ち壊してしまった。また文化九年（一八一二）には「は組」の鳶が歌舞伎を上演中の中村座に乱入して暴れる事件もあり、権力をふるう武家をはばかるように実力をふるう鳶もはばからざるをえなかった（池上彰彦―一九七八）。また鳶の喧嘩のあとには、必ずしかるべき仲裁者を得て和談の席が設けられ、諸方から祝儀を集めて滝沢馬琴《ばきん》編『兎園《とえん》小説』の「町火消人足和睦の話」（文政八年）に描かれるような大掛かりな儀式がおこなわれた。これは文政元年（一八一八）一月の和睦に参集した頭取衆の服装や所持品が華美なものであったことを記しているが、後年、頭取衆の新年宴会で「頭取手合がいずれも組の袢纏《はんてん》に、裏は大紬《おおつむぎ》のリュウとした物をあしらっている」中で並みの裏地だった「ろ組」頭取、通三町目の町抱丑右衛門《うしえもん》は仲間から「オオ三丁目、ソンな袢纏を着ちゃア通り三の沽券《こけん》に障《さわ》りゃアしねエか、少しかっこうをつけたらどうだ」といわれたという。この話は丑右衛門がニコリ笑って「御注意は有難いが、柔かものが着たけりゃア、越後屋、白木屋はこっちの町内だ。好き自由だが、己《おい》らが柔かい物をつけたら、旦那衆は何を着なさるだろう」と受けて、心ある仲間が納得するというふうにつながるのだが（篠田鉱三『明治百話　下』一九三一年、岩波文庫版一九九六年）、町抱の服装がその町の沽券すなわち土地の価格にかかわるという発想は興味深い。彼らのおしゃれは単に自分の威勢だけの問題ではなく、町の威勢を象徴すると考えられていたのである。してみれば、その費用を町の人々が負担するのは当然であろう。

火消の装備と技術

大名火消

さて、江戸時代の火消たちはいかなる方法で火に立ち向かっていたのであろうか。一般に破壊消防を中心としたといわれているが、その実状はあまり明らかではない。映像で記録されておらず、文章であらわすことは難しく、また、ここ一〇〇年ばかりはまったく用いられない技術だからである。ただ、火には水をかけるというのが当初から消防の基本であり、芝増上寺の火消役に就いていた加賀藩が本郷の藩邸から人を並べて桶《おけ》を手送りして水を運んだという伝承からも、人手を集めて水をかけることが初期から活動した大名火消によっておこなわれたことがわかる。また寛永年間（一六二四〜四四）に火消の手際のよさで知られた浅野内匠頭長直《たくみのかみながなお》（忠臣蔵で著名な長矩《ながのり》の祖父）は長屋の梁《はり》や柱を切らせたうえで士卒を多数屋根に上らせてその重量で長屋を押しつぶし、あるいは燃えはじめた物置小屋の屋根に母屋から率先して飛び降り、続いて家臣たちを飛び降りさせてその衝撃と重量でこれを潰したというから、動員力と家臣の服従心を利用してきわめて原始的な破壊消防をおこなっていたことが推測できる（藤口透吾―一九六二）。大名火消の破壊消防の要領や、一致して勇気を持って火に立ち向かう姿勢は、江戸の火消を象徴する纏とともに、以後の定火消や町火消に受け継がれていったに違いない。

なお、江戸後期の大名火消は所々火消《しょしょびけし》や親戚・菩提寺の御見舞火消など、特定の施設への延焼防止にあたることが多かったため、火の粉を煽《あお》ぐ大団扇《おおうちわ》を用いた例が見られる。これは直接火消にあたる定火消や町火消に見られない装備であるため、大名火消を象徴するものとして絵に描かれることも多いが、あくまでも屋根に降り注ぐ火の粉を払うための装備で、直接火を煽いでいたわけではない。

竜吐水

江戸時代の火消の装備として良く知られているのは竜吐水《りゅうどすい》であろう。竜吐水は明和元年（一七六四）に江戸城近くの町火消一三組に二五柄《へい》が幕府から配布され、その後ほかの組や定火消・大名火消も用いるようになり、寛政四年（一七九二）には大名各自火消は必ずこれを備えるように命じられ、同七年には未装備のすべての町火消に下付されて（産業篇、四〇）、すべての消防組織に普及した。

竜吐水は、オランダから輸入されたポンプを原形としたシリンダー二つを有する手動ポンプであり、ホースはいっさい用いず、本体の水槽に桶で水を注ぎ入れ、本体に直接連結している管鎗《かんそう》で放水する。構造・機能ともに基本的には一七世紀中ごろまでヨーロッパで用いられた消防ポンプと同じである。

江戸では少なくとも宝暦五年（一七五五）にはこの名称で知られており、町年寄の喜多村氏がその採用を提案したが、この時には名主たちが有益であれば自然と普及するであろうが、当面は費用がかかり、場所を取り、壊れやすそうであり、人足が竜吐水を押すより直接水を運んだ方がよいであろうとして拒否した（市街篇、二六）。

その後も、必ずしも積極的に使われたわけではないらしく、文政四年（一八二一）には町火消に対して、竜吐水は「消防第一の品」であるから、各組現存の柄数を確認して、玄《げん》蕃桶《ばおけ》・釣瓶《つるべ》・階子《はしご》などとともに不足なく出火場に持ち出し、出火場では「人足共は消防方重《おも》の儀に付き、水の手の儀は町役人共専《もっぱ》ら世話」するように奉行所から命じられている（市街篇、三五）。水の手の仕事としては、掘井戸か上水井戸から釣瓶で水を汲み上げ、棒を通して二人で担ぐ玄蕃桶などで竜吐水の位置まで運んで竜吐水の本体に注ぎ込む必要があったが、この町触《まちぶれ》によればそれは町から付き添って来る名主や月行事等の町役人が自身でか、付近の住民等を指図して補助したのである。

竜吐水は纏持をはじめ火懸《ひがか》りしている鳶たちの刺子《さしこ》に水をかけるのに使われた。ホースがないため、竜吐水の位置から直接見えるところにしか狙って放水できないので、この使い方が技術的にも最善であった。ただ、文久三年（一八六三）の江戸城西の丸炎上の際に、屋根裏に火が入った本丸御殿に駆けつけた町火消たちは建物内部に二〇柄以上の竜吐水を運び込み、御坊主衆や御庭の者の水の手の補助を得て、畳の上にすねまで水が溜まるほどの放水をおこない、屋根裏に上がった鳶たちが手送りした手桶による注水と相まって消火に成功して本丸御殿を救い、褒美《ほうび》を受けている。ここでも「八重十文字《やえじゆうもんじ》に亘《わた》りこれある棟《むね》故、中々思ふ様には火の処までは届かず」とホースのない構造上の限界を露呈したが、付近の清潔な池水を豊富に使えたため、故障もなく竜吐水の威力を発揮できたという

（『藤岡屋日記』）。破壊できず、放水による消火にたよらざるをえない場合には竜吐水はそれなりの威力を発揮したわけで、幕府が竜吐水を交付したのもこのような幕府施設の防御のためだとすれば、当時としては最善の策だったのである。

定火消と町火消

明治三二年（一八九九）の『風俗画報』一八三号「江戸の華 下」には天保一四年（一八四三）一〇月に湯島五丁目で出火して定火消屋敷まで焼いた火災の記事として、湯島聖堂の所々火消柳沢氏と加賀藩の加賀鳶が繰り出した結果、

人数十分に配らせ、井戸といふ井戸は皆、消防水の手の専用となりしまま、定火消室《むろ》賀《が》氏の苦しみ大方ならず。かかる時は町火消には水のみによらずして消防せる得意の技倆あれども、定火消は身支度とても手薄きまま火卒必死に働きしも処々の消防其《そ》の甲斐なくして何《いず》れも火勢に追れける。

とある。五六年後の記事ではあるが、少なくとも幕末には、水が使えない局面で町火消が定火消より優れた消防術を持っていると考えられていたことがわかる。町火消と定火消は、纏・階子・竜吐水・玄蕃桶・鳶口《とびぐち》といった装備はほとんど同じであったが、その技術には差があったのである。ここで定火消が「身支度とて手薄きまま」で火掛りしたのは、臥煙《がえん》とも役場中間《やくばちゆうげん》とも呼ばれる定火消人足の習慣で、勇気と身の彫物《ほりもの》を示すために半纏《はんてん》一枚あるいは諸肌《もろはだ》脱いで火に向かったのである。しかし、これでは火にさらされて長時間活動するのは困難である。明治一七年の東京府会区部通常会では、地元選出の議員たちの議論

により江戸時代の「壱番組弐番組の働きに他の組の及ばざるは刺子半纏に在るも、これは他の組に刺子半纏を着用するもの寡《すくな》きが為《ため》なり」という結論が得られている（『東京横浜毎日新聞』明治一七年六月一五日）。同じ勇気があれば、防火衣たる刺子半纏を着て臨んだ方が火にさらされる活動に適していることはいうまでもない。また、定火消は空出《からで》という出動訓練はおこなっていたが、それ以外はとくに業務につかず、日夜待機していた。これに対して町火消は日常業務で高所作業などを行っていたから、技能面でも一日の長があったと考えられる。勇《いさみ》や粋《いき》を示す庶民文化の先端的な担い手としては、火事場働きだけにかける定火消人足が長じていたかもしれないが、消防技術で江戸最高の水準を誇ったのは町火消であった。江戸後期の大名火消で最も著名な加賀藩前田家が、自家の加賀鳶の中に常に数名の町火消の熟練者を置くように採用しつづけていたと伝えられることも、それを裏付けている（『歌舞伎新報』六四三）。

町火消の火掛り

寛政四年（一七九二）の大坂町奉行所の触によれば、当時の大坂での消防は、燃えている家屋は見捨て、隣家を引き倒して類焼を防ぐのを常とした。具体的には斧《おの》で柱を切り、縄を掛けて引き倒したという。これは、後の破壊消防の発想に類似している。これに対して、江戸の火消は、第一に纏持が纏を持って屋根に

町火消火事場に赴くの図（『風俗画報』第186号，明治32年）

明治期に描かれた「い組」の出風景である．先頭で各町名が書かれた提灯をかざすのは，各町抱の鳶であろう．「銀二」（本銀町二丁目）の提灯を持つ鳶は左手に手鍵を握っている．続く3名は頭取で，皮羽織を着て，「い組」と書かれた赤色の「頭取挑灯」を持つ．次いで鳶口を持つ鳶に囲まれて階子が進む．階子の脇に手ぶらで従うのは階子持の交代要員であろう．その後に纏，さらに後に竜吐水や玄蕃桶が見える．木遣を歌いながらの出場らしい．

上り、人足が手鍵《てかぎ》（長さ数十チセンの鳶口《とびぐち》）を用いて瓦《かわら》を撥《は》ね、屋根板を捲《めく》り、壁を壊して柱だけの状態にしてから、纏持以下屋根を降り、ついで大階子を柱に突っかけ、同時に長鳶口（長さ二メートル程度）で垂木《たるき》その他を崩して家を壊したという（『大阪市史』第二、一九一四年）。

実見者が生存していた明治三一年に刊行された『風俗画報』第一七九号「江戸の華　上」によれば、町火消は、火事場につくと刺子頭巾《さしこずきん》などの上から十分水を浴び、長鳶口と提灯を一まとめにして鳶の小使である定使に渡して仕事にかかったという。また「燃えつく木材を腕に任せて投げ除け」という表現があって、現に燃えはじめている建物を解体している様子が察せられる。

たいした家財もなく、あるいは運び出されたうえで、「焼け家造り」といわれるような安普請《やすぶしん》の低層建築であったからこそ可能な消防法であるが、鳶の高度な技能と勇敢さなしにはできなかったことは間違いない。大坂町奉行所は大坂方式より江戸方式の方が優れているとして、急には無理にしても、将来江戸方式に変更するよう努力することを求めている。しかしこの観察は、「大坂では引き倒すところを江戸ではどうしているのか」という、大坂側としては当然の問題設定がやや結果を歪めていると思われる。確かに家を完全に倒さざるをえなくなれば、江戸の町火消はこのようにしたであろうが、実際にはその場の状況に合わせて、さまざまな対応がとられたに違いない。

すでに火を発している家屋の屋根の一部を破壊することは、「火を上に逃がす」と表現された。一見、火元に空気を供給して火勢を強めそうであるが、実際には、雨戸を開けたりして横から空気を供給するよりは、屋根を破壊した方が空気の流れも悪く、また炎が上がった先に可燃物がないから合理的である。鳶は雨戸を開けて屋内に侵入した場合、雨戸を閉じていたという（中村清二「防火と科学」『大日本消防』一一一）。木造家屋の火災で大きな問題は天井にまで回った火が、軒先から隣家に吹き付けて延焼することであったが、燃える屋根を破壊して上に吹きぬかせることによって、延焼力を大幅に弱めることができた（空本吉造『火災防禦戦術』一九五三年）。さらに、鳶たちはこの屋根の穴から手桶の水を狙い澄まして柄杓《ひしゃく》でかけたという（中村前掲論文）。屋根から手をつけた後は、火災の規模や風の強さ、利用できる人数や水利に応じて、経験をふまえた臨機応変な対応がなされたであろう。いずれにせよ、屋根の破壊から着手することで家を倒さないでも延焼を阻止し、また後の時代から考えれば驚くほど少量の注水との組合せによって半焼で鎮火する可能性すらあったのだ。これが、引き倒しが完了しなくては防火効果がない大坂式の破壊消防に勝る点であったにちがいない。このことを考えると、町火消の消防法を破壊消防と呼ぶのは、誤解を招きやすく、明治期に注水による「湿滅法」と対置して用いられた「乾滅法」という言葉の方がふさわしいように思われる。

町火消の装備

文政一三年（一八三〇）には町奉行所が江戸城周辺の一・二・五番組に大指俣《さすまた》と鋸《のこぎり》を配布し、各組に水鉄砲を備えさせた。水鉄砲は明和五年（一七六八）に竜吐水を交付されることになった「百組」の町々が、それを維持する負担に耐えられないので、その代わりとして装備したいと申し出たのが町火消の世界での初出で、当初は竜吐水の代用品であった（『日本橋区史』四）。しかし、ここではあわせて装備することが求められ、放水装備が強化されたのである。その後、弘化二年（一八四五）に見直しがおこなわれ、鋸は「消防不弁の具」であるとして小指俣に取り替えられた。また同時に竜吐水と玄蕃桶《げんばおけ》が不足している組合もあるが「水之手之儀は消防第一之事」であるから定数通り持参し、水鉄砲もない組は新規にあつらえるように命じられた（市街篇、四一）。新規の器具による消防力向上を目指す幕府に対して、鳶人足はその利用に必ずしも積極的ではなかった。破壊消防という観点では鋸は必需品のようにも思われるが、従来からの火消道具である階子《はしご》と大小の鳶口を用いる技法へのこだわりが強かったのであろう。

指俣《さすまた》については、建物の柱にあてて押し倒すという用い方が、従来の階子の用い方と同じであり、また指俣自体が番所や関所に並べる威《おど》し道具の一つで権威の象徴でもあったところから、例外的に問題なく受容されたのであろう。

幕末・維新期の町火消

動乱の中の町火消

黒船来航

嘉永六年（一八五三）六月三日、ペリー艦隊が来航すると同九日、町火消に待機命令が下った。黒船が江戸に接近した場合、早半鐘を合図に消防道具を持って、江戸市中の七ヵ所に集合して指図を待つことが命じられたのである（市街篇、四三）。一〇年後の薩英戦争の際に鹿児島市街が焼き払われたように、木造家屋を主体とした日本の市街地は艦船からの砲撃や火箭《かせん》（ロケット式の焼夷弾《しょういだん》）による攻撃に弱かった。そこで町火消に消防のための待機を命じたものであろう。平常の体制で出火を覚知してから出動するのに比べ、敵艦が接近すると同時に集合していた方が対応が早く、消防の効果が上がると考えられたに違いない。この体制は一二日に艦隊が帰帆したため、一三日に解除された。

また六月一〇日には、幕府に浜御殿の防備のための重量物運搬に町火消一〇〇名を即刻差出すよう命じられてこれに応じ、帰帆後の撤収にも町火消が動員された。ペリーが測量のために端艇《たんてい》を江戸湾内深く侵入させ、その護衛として羽田沖まで一艦を進めたのは六日のことで、九日にはアメリカ側の要求通り久里浜で国書を受け取っているから、これらの処置はやや手後れの感もあるが、「下様《しもざま》の　寄るもさわるも打払　早半鐘のいまかいまかと」と詠まれるほどに（桜木章『側面観幕末史』一九〇五年）、市中では町火消待機の町触《まちぶれ》が緊張を象徴するものと捉えられた。町火消は消防組織としても、幕府が江戸で即座に動員できる人足としても存在感を増したのである。

翌年の来航が通告されていたため、一二月二六日に、再来航の際は火消人足が家主とともに自身番に詰めるように命じられた。そして再来航翌日の嘉永七年正月一五日には、内海侵入の場合には早拍子木《はやひょうしぎ》で報知して、前回同様に集合するよう命じられ、この体制は三月二一日にペリー艦隊が江戸湾を離れた翌日まで続けられた。

ペリーが去ると鳶の頭取たちは、町役人に待機していた間の休業補償を求めた。町役人たちは、日ごろから手当てが出ているのだからその必要はないはずだが、前例のないことであり、また支給しないことにすると今後同様な事態が生じた場合に差支えがあるとして、「ろ組」の場合で頭取六両、町抱三分、駈付二分といった基準で町々から火消に手当てを出した（市街篇、四三）。この場合自身番での待機は町に命じられたので、鳶は町に負担を求めたのであろう。

武家火消の衰退

一方、ペリー来航後の幕府の洋式軍備拡大のため、一〇組あった定火消は安政二年（一八五五）に二組、慶応二年（一八六六）に四組が減じられ、慶応四年には一組のみになっている（橋本博『改訂増補大武鑑』一九三五年）。また大名火消も文久二年（一八六二）の参勤交代制度の緩和により、制度の根幹が揺らいでしまった。妻子の江戸在住が不要となり、大名の江戸在住期間も短くなったため江戸藩邸の人員が減り、大規模な消防隊を繰り出すことができなくなったのである。このため、方角火消が廃止され、また所々火消も大半が廃止された。そして、そのかわりとして、所々火消が担当していた施設には、出火時に付近の町火消組が駆けつけることが命じられ、また従来から駆けつけが命じられていた施設では、駆けつける組数の増加が命じられた（『徳川禁令考』）。各自火消もその実勢力は大幅に低下したに違いない。最幕末の江戸の消防は町火消への依存を深めていたのである。

この状況がよくあらわれたのが江戸城の消防である。幕末には江戸城の火災が相次いだ。安政六年一一月の本丸炎上、文久三年六月の西の丸炎上、同一一月の本丸・二の丸炎上。そのたびごとに江戸中のほとんどの町火消が城中に入り消防にあたり、褒美として日給以上の金銭を受け取った。また最後の火災の後は一三日間にわたって定火消とともに一番組・二番組の町火消が幕府から賃銭を支給されて交代で清水門内に詰めて警戒にあたった（市街篇、四七）。武家方火消の減少を受けて、臨時的ながら町火消が幕府から手当てを受けてその中枢の防火警戒を担うようになったのである。

実力組織から軍事組織へ

翌元治元年（一八六四）一一月、幕府は第一次長州征伐にともなって、江戸の長州藩邸を破壊したが、その執行にあたったのは、江戸中の火消人足であった。彼らは暁七ツころに出火時と同様の半鐘の合図で呼び集められ、数日にわたって、徹底した破壊と取り片付けをおこなった（『嘉永明治年間録』）。そして、幕府は鳥羽伏見《とばふしみ》の戦いに負けた直後、慶応四年一月一七日から約半月間、町火消を町兵として、これに軍事訓練を施すにいたった。太路秀紀氏の研究によれば、当時の町火消四三六三名から各組ごとに三分の一が町兵となり、消防力が低下した町々では出入の職人などで店火消《たなひけし》を設け、消防道具を新調するなどの対応がとられたという（太路秀紀―

一九九八)。町火消はこの任務を喜び、恭順と決まって解散を命じられた時には、「人足どもは、更に其《そ》の命令を聞き入れず、只《た》だ一死を以て三百年の恩に報ゆべきなどと申し募り、役人どもの手に余りしも、再三再四懇々説諭して、終《つい》に穏かに解散したり」と伝えられる。恭順派の旗本などには耳の痛いところであったろう。実は引用文は町兵の解散を上申した恭順派の旗本によって後日書かれたものである。彼は「其《そ》の義気に富み、江戸っ子の名に背かざりしは人々皆な嘆称して止《や》まざりき」と記している(関口隆吉「黙斎随筆」『旧幕府』四、一九〇七年)。その戦力としての大きな可能性を知るゆえに彼ら恭順派は解散を力説したのである。

鳶は町々でも消防に限らない実力を期待され、発揮していた。たとえば文久三年(一八六三)一一月八日の町触は刀を持った押込みや追剝などが発生している状態をふまえて「町役人共は勿論《もちろん》、其《そ》の町内鳶人足共消防道具等用意致し、それぞれ自身番屋え相詰め、若《も》し右体のものこれあり候はば、速《すみやか》に罷《まか》り出捕押《いでとりおさえ》、手余り候はば打殺し候て訴え出るべく候」と命じている(市街篇、四八)。その実力は、治安が悪化した幕末にはとくに町々から頼りにされたであろう。

勝海舟

涙ながらに抗戦をあきらめさせられた町火消を最後に頼ったのは勝海舟《かつかいしゅう》であった。鳥羽伏見の敗戦後の混乱の中で陸軍総裁となった勝海舟は、「遊手《ゆうしゅ》無頼《ぶらい》の徒《と》」が窃盗・放火をおこなって大火災となることを恐れ、「火消組の頭分幾名、博徒の長幾名、運送手長、非人の長幾名、其の名あり、徒中名望ある所謂《いわゆる》親方と唱ふる輩三十五六名」を集めて、直接に面会して金を渡し、統制を計った。勝によれば彼が直截に面談して依頼したためそれを名誉として、これを引き受け「何ぞ我が児分等に暴をなさしめむ哉《や》」と応じた「義気傑然」たるものが少なくなかったという。

また、三月に官軍が江戸に迫って江戸城開城をめぐる西郷隆盛との交渉にあたった際には、交渉が不調となれば、ナポレオン侵攻時のモスクワの例に倣って江戸を全焼すべく、「都下之無頼爲の者」に準備させたという（勝海舟『解難録』）。後年の回想によれば、勝が金を配った親方衆のうち町火消関係は、新門辰五郎《しんもんたつごろう》と神田の「よ組」である（巌本善治『海舟座談』明治三〇年三月二七日分）。この時期に江戸の治安はかなり悪化したが、大火は発生しておらず、また勝はこの後、閏《うるう》四月二日に新政府の大総督府から江戸の「鎮撫万端取締」を命じられているから、親方衆への依頼による治安維持の活動は一定の成果を収め、新政府からも評価されたと考えられよう。

ここで勝が依頼した神田の「よ」組は、町火消筆頭として格式が高い一番組の中で最大の一六一名の鳶を擁し、頭取の数も全組を通じて最多であり、明和の竜吐水官給の際には、ほかの組が一、二柄を受け取った中で、ただ一組三柄を交付されたという、幕府側から見て最も勢力がある組であった。この伝統と格式がある「よ組」と新門辰五郎の双方に声をかけるところが勝の真骨頂を示している。

新門辰五郎

最幕末の江戸町火消で個人として最も著名なのは「を組」の頭取、新門辰五郎であろう。しかし、町火消の制度上は「を組」はそれほど高い格付けを与えられてはいない。浅草の安部川町ほかを持ち場とする「を組」は十番組に属するが、江戸城を中心とした幕府の秩序意識ではこのあたりは場末《ばすえ》であり、明和の竜吐水官給でも十番組の六つの小組は対象になっていない。「を組」の鳶は六〇名で大組内で「と組」につぐ第二位、頭取は三名である。

煙管張《キセルばり》の職人の子に生まれた辰五郎は、浅草寺別当伝法院に仕えてその西門、通称新門の警護にあたった鳶町田仁右衛門の養子となった。有馬家の大名火消との争闘で名を挙げ、俠名高く「子分三千人」と称せられた。浅草寺地内の取締りを勤めてその役得である香具《や》師《し》たちからの入り銭を押入れに放り込んでおいたら床が抜けたという伝承もある（『戊辰物語』)。この地位は彼が一代で築いたものである。徳川慶喜に重用された話は著名だが、当人の実力を評価されて激動の時代を生きた点で互いにあい通じるものがあったろう。彼の本来の根拠地である新門は「と組」の持ち場である田原町二丁目に接していたから、彼の勢力圏は「を組」の持ち場を超えて他に及んでいたことは間違いないが、十番組全体でも町火消鳶人足高は二九九名であり、彼の子分の数はこれを遥かに超えている。だからこそ慶喜の求めに応じ、本来の持ち場を離れて京都まで子分二〇〇名を連れていって警衛や皇居・二条城の防火にあたることもできたのであろう。町火消頭取というのは大親分新門辰五郎の一面にしかすぎない。浅草の十番組だからこそ、このような火消がいたということもできよう。京都で彼と面識があり、後に明治財界の大御所と呼ばれた渋沢栄一は、辰五郎を「軀幹《くかん》長大にして眉目清秀、弁論亦《また》人を服するものあり」と評している(『徳川慶喜公伝』四)。その人格的魅力は他の世界の人々にも十分に通じるものであった。

新時代の町火消

西城消防方

慶応四年（一八六八）四月に江戸城を受け取った新政府は、明治元年と改まった同年一〇月三日、筑前・高松両藩に西城《さいじょう》消防方を命じた。これは一〇日後に迫った明治天皇の入城に備えるものであったろう。当時本丸と二の丸は焼失していて、西の丸が御殿の場所となっており、これを西城と称した。発足当初の新政府は直轄の軍事・警察力がかつての幕府より微弱で諸藩の力に頼らざるをえず、当時は東京の警備も各藩に命じて出させた兵によって担われていた。西城消防方は二年八月に兵部省から東京府に移管されたが、この時点では高松藩が藩費で八七名を出し、ほかに麻布竜土町の人宿《ひとやど》（＝口入れ屋）本多三平が政府から請負って官費で一三〇名の人足を雇い、うち三〇名を定詰《じょうづめ》させていた。江戸時代の定火消の人足も人宿が請負って出していたから、これは大名火消と、幕府（官費）支弁の定火消の混合した形態であったといえよう。いずれにせよ、新政府は町火消には頼らずに、自力で皇居の消防体制を整えた。

旧政府にて申渡置候通り

東京と改まった旧江戸市街の消防は明治三年（一八七〇）五月の段階まで、町火消によって「旧政府にて申渡し置き候通り」に実施されていた。町火消は幕府から費用を交付されていたわけではないから、幕府がなくなってもそのまま存続したのである。町火消を管轄していた町奉行所は慶応四年（一八六八・明治元）五月に新政府の市政裁判所と変わったが、これも当初は留任者が多く、職名もそのまま町火消人足改として与力三名、同心六名が出火の際の町火消の指揮と出場人数の確認にあたっていた。市政裁判所が八月に東京府と改められると消防掛が置かれ、業務を引き継いだ。

一方で、幕末以来、各藩邸の武士＝消費人口が減少したことや戦乱により、江戸・東京は衰微する傾向にあったので、新政府は同元年六月に各町の負担を軽減するために、自身番を廃止するとともに消防入用《いりよう》を節減するように命じた。これを受けて二年三月に「き組」と「て組」が合併され、同一〇月には人数の減少した「け組」を「く組」に、一一月には「の組」を「お組」に合併することが町役人から上申されて認められ、三年三月には「や組」の人数削減が上申された（『明治二巳年中触達等銘書』）。ちなみに「の組」と「お組」の合併を上申したのは夏目漱石の父で当時二六番組中年寄であった小兵衛である。

「す組」の要求

一方で開港にともなう都市の改造により、従来町火消と町々との間で維持されてきた体制を政府が公認することを求められる事態が生じた。持ち場の町々の大半が外国人居留地用地として立ち退かされたため慶応三年（一八六七）冬に廃止された「す組」が、居留地の建設が進んだので再置を申し出、居留地を管轄する東京府運上所掛にその規則案を上申したのである。居留地には外国人が居留する部分と日本人と外国人が雑居する部分があるが、いずれにせよ従来の慣行を熟知した江戸町民以外の者が多く住むところから、規則を明文化して管轄庁の認可を得る必要を感じたのであろう。その規則は以下の四ヵ条である。

一関内《かんない》火消纏そのほか消防道具ならびに火消人足給金・足留銭とも、すべて区内町々小間割にて出銀致させ候積《つも》り。

消防の経費は小組内のすべての家に小間割《こまわり》という共通の基準で賦課される。元来は前述のようにそれぞれの町から町抱と駈付の鳶へ給与が支払われていたが、幕末から、小組内の町々での負担を平等化するため、すべての町々を通じての小間割で費用を集めて小組の鳶に配分する例が見られるようになってきた（弘化三年〈一八四六〉の「く組」、『市中取締類集』）。個々の町が幕府に対して果たすべき役を代替するというかたちから、火消組の存在を前提に、それをいかに合理的な費用分担で維持するかに賦課の論理が変化してきていたのである。なお、「関内」とは周辺と関門で仕切られた居留地をさす。

一す組人足の儀、是迄《これまで》区内火消人足の内抱町有之分《これあるぶん》は居置《すえおき》、その余のものより今般新規割付の町々え壱人づつ町抱に致し候積り。

給与の方法が変わっても一町に一人の町抱がおかれる。これはその町から給与をもらうことが町抱の本質ではなかったことを示している。なお「抱町有之分」は「す組」解体の際に「も組」に編入されていた町々の町抱である。

一右火消人足の内、頭取ならびに世話役道具持等、今般人撰の上、頭取世話役の分は御運上所え申上候積り。

この条項だけは政府との関係の確認を求めている。頭取を任命する町奉行所の役割は、東京府に引き継がれていた。世話役はすべての大組に置かれたわけではないようだが、この時期、五番組や、「す組」の属する二番組では、頭取は世話役の中から撰ばれており、頭取の一歩手前の役職となっている。当時、頭取はその組と隣接の火消組の同意を得て町名主（二年三月の制度変更後は中添年寄）から府に願い出て任命され、世話番は申し上げるだけで任命手続きはとられていない。この後、旧す組の人足頭取四名に頭取役を仰付《おおせつ》けられるようにとの上申が出される。

火消組の権益

最後の箇条は火消組の鳶の権益を規定している。

一　区内町々普請そのほかこれあり候節、是迄は家作人存寄《かさくにんぞんじより》次第諸組の人足え請負等申付候へとも、関内火消治定の上はすべて区内に於て鳶人足入用の節は、仮令《たとえ》他組の人足え申付候とも、その町内抱人足と示談仕らず一己にて請負等致さざる様仕度候《ようつかまつりたくそうろう》。左無《さな》く候はば銘々出入の得意場等より周旋致、鳶方一式受負候もの少なからず、時々争論等を生じ、第一町火消組々人足共の慈悲に悖《もと》り、必ず混雑仕るべしと存じ奉り候。

右の通り相成り候上は、鳶人足賃金そのほか地形《ちぎょう》建方請負致し候砌《みぎり》、すべて町火消組々人足共の賃銀より過当の義等これ無き様頭取共心附、不相当の請負又は賃銀等請取候もの速に取り放ち候積り。

火消組の担当区域内での鳶人足を必要とするすべての仕事は、それぞれの町抱鳶人足の手を経てなされ、頭取はその請負代価が適正であるかどうかを監督する取締り機能を果たす。これにより、町抱の鳶は競争することなく仕事を確保し、頭取は町抱の日常の経済活動をも監督することを通じて鳶人足集団を統制する。

東京府の運上所掛はこの規則案を「四ケ条目、鳶人足請負方等の義はすべて外町法の通り」と江戸の伝統を引く他町の慣行に倣《なら》うという形で認めようとした。これに対して常務局消防掛は「四ケ条目、鳶人足受負方の義は右様手狭《てぜま》窮屈の義致さず、外町並の通り相心得べき旨」を達すべきだとして、これが府の決定となった。鳶の権益を「手狭窮屈」として全面的に否定しつつ、「外町並の通り」と従来の慣行を踏襲することにも含みを残したのである。

これは一見矛盾しているが、従来から鳶の権益は火消組と町の間の慣行として成立し、維持されてきたのであって、町奉行所がそれを公認していたわけではない。そこで、町奉行所の行政を継承する府の消防掛が「旧政府にて申渡し置候通り」にこのような対応をするのは筋が通っていた。「す組」にしてみれば、狙いは外れたものの、伝統と実力で町との関係を築く可能性は残された。

明治に入って、東京に新政府関係者や新興商人をはじめ江戸の慣習にとらわれない新住民が増加してくると「す組」ほど明確でなかったにせよ、従来の慣行の維持のために政府の公認をえたいという意識はほかの組にも生じたに違いない。しかし、新政府がそれに積極的な支持を与えないことは明らかになった。

東京府による「消防改革」

「消防改革」の理念

明治三年（一八七〇）、東京府は「消防改革」に着手した。消防業務は四年五月に治安維持にあたる府の府兵局の管轄となり、五年八月に警察業務とともに司法省警保寮に移管されたが、二ヵ月後に消防業務だけが東京府に戻された。六年末に内務省・警視庁の新設のために東京府の管轄を離れるまで、府は公平化を目指した新たな消防費用負担方式の設定、消防組の縮小と再編、そして、新式の装備の導入を図った。

「消防改革」の理由は府から太政官への上申に、「消防の儀は当今町火消のみを以《も》つて府下一般の備に相成居候《あいなりおりそうろう》姿《すがた》にて不公平の廉《かど》もこれあり、かつ種々の弊害少なからず候に付き」（市街篇、五一）と示されている。

前述のように、当時の消防組織は町火消のみで、これは、江戸時代から存続している町々の負担によって維持されていた。これらの町々は面積では東京のわずかに二割であり、そこの住民だけで東京全体の公共消防費用を負担したのである。六割を占めた武家地は明治政府や各府・藩・県の施設となり、あるいは、新政府の官員の邸宅となり、二割を占めた寺社地の一部とともに一般の市街地ともなったが、こういった土地の住民や利用者はまったく負担をしていなかった。町人地・武家地といった区別がなくなった以上、これは明らかに「不公平」であり、東京全体で消防費用を負担する制度の創出は是非とも必要であった。

後半の「種々の弊害」は消防掛の原案（『明治三年年　消防事務書類』）には「鳶人足共従来の悪弊」とあり、鳶が持ち場の町で持っていた権益を指すと考えられる。この権益も、町にとっては消防の費用の一部であり、旧町人地にしかないものであった。

旧弊相改め候様

明治五年（一八七二）三月、東京府は、

町火消鳶人足共、町々普請その外、道造り些小の事に至るまで、その町内抱鳶人足に申付け候はでは相成り難き様成し行き、他町又は組合違の人足え申付け候へば町内抱鳶人足彼是故障申し出、種々妨《さまたげ》致し、暴行に及び候者もこれある哉《や》に相聞こゆ。

と鳶の権益を認識したうえで、そのようなことは明治三年に、「旧弊相改め候様」達してからは禁じられており、いまだ改まらないのはもっての外であると達した。そしてさらに、

一体鳶人足組合の儀は、消防駈け引き取締の為め相立てこれ有り候義にて職業の儀は町内組合の差し定めは素《もと》よりこれ無く、普請申付け候諸人勝手次第は勿論の儀にこれ有り候間《そうろうあいだ》、諸職人普通の稼ぎ事致すべく候。自今前条悪弊等に拘泥《こうでい》致し候者これ有り候はば、鳶人足組合相除き、相当の処置に及ぶべく候。(市街篇、五二)

と地域独占を全面的に否定して、自由な契約を明確に認める。ついで一一月に東京府に施行された違式詿違条例《いしきかいいじょうれい》では「町火消人足共、町々普請造営の節、地所組合違の者を雇ふことに故障する者」を違式の罪目に指定して行政罰の対象とした。六年二月にもこの趣旨を徹底する触が出されているから、そのようなことが完全になくなりはしなかったことが明らかであるが、新政府は鳶の地域独占の権益を否定する姿勢を明確に示したのである。これは、幕府が、町方からの消防人足の差出し数とその統制には注意しつつも、町々と鳶集団との関係にあえて介入しなかったのと大幅に異なる。明治二六年に編纂された『警視

庁史稿』は明治三年一〇月に「町抱鳶の名称を罷《や》め」た、すなわち鳶と抱町の関係を公式に否定した変革を「自治の制息《やん》で而《しか》して干渉の制起《き》する亦《また》自然の勢なり」と評している。町方の「自治」としてとりむすばれていた鳶人足集団との関係が政府の「干渉」によって否定され、この結果として経済活動の自由が保障され、負担の公平化がもたらされたのである。これが明治の「自然の勢」であった。

家税制度とその挫折

東京府が「自治の制」に代わる新たな消防費用負担制度として案出したのは家税である。家税は官庁を含め、東京所在のすべての建物に、五段階の土地柄の格付けと建物の形態、そして建坪に応じて課税するものであった（市街篇、五一）。これは三年九月分から徴収されたが、新規の課税であったところから官民ともに手数に苦しみ、苦情が多く、五年二月には廃止されてしまった（川路利良「府下消防入費之儀に付上申」明治七年一〇月『公文録』）。

その後は従来の町会所積金の徴収方法により消防入費を集めた。町会所積金は江戸時代からの制度であったが、二年六月に借地代に比例した間《きき》小間割という割当て手法を用いて旧町人地以外の市街にも賦課されるようになっており、ちょうどこの時期に従来の目的での徴収が取り止められていた（『都史紀要七　七分積金』）。そこで住民にとっては新たな負担とはならず、抵抗が少なかったと思われる。しかし、金額的には家税が年額五万円程度であったのに対して積金は半額程度にしかすぎず、「消防改革」は妨げられた。また、家税は官庁も負担していたが、積金は民間のみの負担であり、官民の枠を超えた公平な負担という改革の理念も家税の廃止によって崩れた。

家税設定時の計画では、三年一〇月に五二組四二八四名だった町火消組の鳶を一七〇八名まで減じて、平人足で五〇銭の月給を給する予定であった。月給五〇銭は年六円、すなわち永二四貫にあたり、かつての町抱鳶の給金にほぼ等しい。そしてさらに「徹夜順番の法則を立て、盗火の災を慎み守る」ことを考えており、この夜番の手当ても含めればそこの収入が得られ、鳶職の副業として安定した収入が得られるよう考えられていた。しかし、実際には五年四月にようやく三九組二四七七名に削減したにとどまり、計画通りの支給はなされず、手当てつきの夜番が実施されることもなかった。

唐突な新規課税の困難と鳶たちの組・人員削減への反発が相まって、負担方法の根本的な改革は中途半端なかたちで終わったのである。

編成・服装の統一

町火消組は明治五年（一八七二）に三九組の消防組に改編された。この時に消防事務を担当していた府兵局は市中を六つの大区に分けて治安の維持にあたっており、消防組も、これにあわせて第何大区何番組というかたちで新たな名称が付けられた。そして従来一組ごとに異なっていた纏の形や半纏の意匠、鳶人足の人数や役職者数も大区ごとに統一され、基本的な出動範囲も大組よりやや大きい大区に改められた。

このうち纏の形だけは反発が強く、同年中に各組の伝統的な形象が復活するが、纏の馬簾《ばれん》に入った大区番号を示す線や半纏の意匠は基本的にはこの時の決定が市部消防組廃止まで継承され、現在の江戸消防記念会に引き継がれている。

旧町会所積金の方式によって集められた消防入費は、それぞれ大区出張所で集められ、分配された。そこで消防組員への支給額も大区によって異なったが、平人足《ひらにんそく》への支給額は月に二〇〜二五銭で当初構想の半額以下であり、皇居南側の旧「め組」などを含む第二大区にいたっては六銭二厘五毛にしかすぎなかった。平人足にもかつての町抱がおり、彼らは改革によって収入が減少したはずである。とくに給料の低い第二大区では平人足を「抱人足《かかえにんそく》」と「平人足」に細別して旧町抱により高い給与を与えたが、それも一二銭五厘にしかすぎない。公的には町での権益を否定されていても、この状態では、消防の重要性を知る町々の人々は従来の慣行を維持して消防組の鳶の営業を助けざるをえなかったであろう。

ポンプの導入

消防改革の一つの柱として「海外に良具を求め」て消防力を強化することがあった。これに従い、四年に蒸気ポンプ一台と馬で曳《ひ》く腕用（手動）ポンプ四台、小型の腕用ポンプ一台が輸入された。東京府が購入した腕用ポンプは「四六人掛ポンプ」であった。

欧米の消防用ポンプの歴史で、一八世紀まで先導的な役割を果たしていたのはオランダだった。前述のように、竜吐水もオランダ渡りの技術であり、欧米の消防用ポンプと共通の祖先から発している。一七世紀中ごろまでの欧米のポンプはおおむね竜吐水と同様なものであったが、一六七二年にアムステルダムで放水用のホース（水管）が発明され、ポンプ本体から離れた管鎗で放水できるようになった。これにより、建物内の火元への直接の注水が容易になり、注水による消防が発達した。つづいて一六九〇年までに針金で形を整えた吸水用ホース（吸管）を用いる技術が開発された。これまでは、ポンプの放水量は本体にバケツで汲み込まれる水の量で決まっていたが、吸水用ホースを用いると、大きなポンプを多人数で操作することで、従来の手法では考えられなかった量の水を集中的・連続的に注水できるようになった。これと一八世紀に入ってからのポンプに空気室を設けてレバーの上下動に関係なく一定の勢いで放水できるようにした改良により腕用ポンプが発達した（E.Green-Hughes－1979）。このような流れの中で一八〇〇年ごろに作られはじめたロンドン消防隊（London Brigade）型のポンプはイギリスで広く用いられた。東京府の発注したポンプの製造元は不明であるが、このロンドン消防隊型ポンプの最も大きなタイプが四六人で操作するものであるから、「四六人掛ポンプ」はこれか、これを模した製品と考えられる。この放水量は一分間七五〇ℓ《リットル》である。一方、蒸気ポンプはイギリスで一八二九年に開発され、当初はなかなか採用されなかったが、改良が進んだ結果一八六〇年代から本格的に用いられていた（Brian Wright－1989）。

ポンプの忌避

しかし、蒸気ポンプは予想以上に大型で、道路が狭隘《きょうあい》な東京では用をなさないとして導入直後に運用が停止されてしまった（四月一七日上申『消防事務書類』）。また腕用ポンプと、これと同時に導入された国産の手動のウインチの一種で、鳶の仕事の一つである家曳き（家屋のそのままの形での移動）などにも使われていた神楽桟《かぐらさん》も、五年一〇月に各大区の戸長世話掛から「消防不便利の品」であるから売払いたいと上申された。従来から消防活動に従事している鳶にポンプを押させる以上、ポンプは、その操作にあたる人数が従来の手法で果たしていた以上の働きをしなくては意味がない。

それが不可能であったから、「消防不便利」という評価が与えられたのである。

その原因はいくつか考えられる。第一はポンプの大きさである。台車に載せられた本体の運搬と、レバーを押す人々の活動スペースの両面で、道路の狭隘な市街では不便があったに違いない。次に水利の問題がある。大型ポンプが利用されるようになって一〇〇年以上経ている欧米では、その水利の確保に留意されていただろうが、当時の東京にはその用意はない。後述するように、掘井戸や上水枡では多量の汲み出しには耐えられないから、堀や川を利用せざるをえない。東京全体に四台が分散配置されて、人力で運搬しているのでは複数のポンプを連係して離れた水利を利用する可能性も低い。また、そもそも低層の木造家屋が次々に延焼していくという当時の日本の火災で、経験者の指導も受けずになされた数口の放水にどの程度の効果があったのかも疑問である。

東京府はこれに対応して、五年一一月、ポンプは「消防第一有用の器械」であるとしながら「元来重大の道具、運転方法不馴の間より大概其《その》機に遅れ、其妙用を尽くさしむる能《あた》はず」として、府庁で独自に人夫を訓練して運用させることにした。経費は家税の残金をあて、人夫には洋式の制服・制帽を与えた。ポンプの運用だけを目的とした、外見的には洋式の消防隊が誕生したのである。しかし、彼らは府が所管していた刑期終了後引き取り手のない人々であり、強制的に働かされたため、実際火事場に出動するようになると、逃走するものが跡を絶たなかった。六年中ごろには一八名の人足がこれに従事していたが年末までの逃亡者は延べ一五名に達し、とうてい十分な訓練を施すことはできなかったと考えられる（『諸向往復留　検使消防等事務』）。東京府としては、常勤の隊員を置く財政的余裕がないため、消防組員や所管の人員をポンプの運用にあてたわけだが、それでは実際の用には立たなかったのである。いかにポンプを使いこなす組織を作るか、これは以後一〇年以上にわたって、消防当局者の最大の課題となる。

御城内定火消

皇居の消防は、四年七月の廃藩置県により藩に命じつづけることができなくなった。これに対して東京府はとくに新たな消防組織は設けず「御《お》曲輪最寄《くるわもより》火消組鳶人足共」に駈付を命じ、彼らの中から交代で三〇人を定詰《じょうづめ》させ、これを指揮するために府の掛り二人が交代で詰めるというかたちをとった。ふたたび町火消が御城の消防の担い手となったのである。定詰の鳶人足には一昼夜金一分（二五銭）が給され、これは官（国）費支弁であった。このころ刊行された『東京第一大区消防一覧』は第一丁に「御城内定火消纏」と題して纏と「定火消」の文字が入った提灯《ちょうちん》を掲げて、その名誉を示している。交代制とはいえ、官費支弁で常時待機するところから「定火消」と称されたのであろう。御城を守る「定火消」を我が手のものとした町火消の意気が感じられる。

東京府は同じ予算を使うならば、別途に人足を雇うより、消防組の鳶に皇居警衛の名誉と夜詰賃の実利の双方を与える方が得策と考えたに違いない。「消防改革」の進行の下で、維新以来三年で町火消がそれだけの信頼をかちえていたということもできる。

しかし、その地位は万全のものではなかった。明治六年（一八七三）五月五日午前一時二〇分ころ宮城内の紅葉山女官房室の物置から出火したため、宮城内楓山に詰めていた御城内定火消の消防組員たちがただちに現場に駆けつけようとしたが、城内の切手御門で番兵に遮られてしまった。また、規定通り駆けつけた周辺の消防組も二重橋御門で番兵に阻止されたと伝えられる。この間に番兵や宮内省宿直者が消火にあたったものの、まとまった器具も持たない素人の手が及ぶわけもなく、火は三時間にわたって宮殿と宮内省・太政官を焼き、皇居一円を焼野原とした（皇城篇、四）。

これは番兵が入門の印鑑（鑑札）を持たない者を通さないという規定を固守したためらしいが、出火時の消防組の通過については別に定められていた。当時の番兵は鹿児島・山口・高知の兵を中心とする近衛兵（もと御親兵）で、いまだこのような規則を整理して対応できる能力がなく、また江戸・東京での経験の不足から夜間に集団で押しかける町火消を前に、銃を向けて阻止する以上の常識をもちあわせなかったのであろう。五月一五日に太政官正院は陸軍省にこのような事態の再発防止を命じている。

御城消防の名誉を手にして誇りとしていた鳶たちが手を出せぬまま、皇居と名を変えた御城は焼け尽くしたのである。

開明日新の際　新時代は「消防改革」のかたちで町火消の制度や組織に一定の変革を迫ったが、文明開化の流れは彼らのありようや、見られ方にも大きな変化をもたらした。明治五年三月には、消防組の鳶たちが合議の末いっせいに断髪した（『新聞雑誌』）。従来の元結《もとゆい》のある髪型から、いわゆるざんぎり頭に変わったのである。理由は「作業の間不便なりとて」とされているが、時代の先端的な、また政府御推奨の風俗を取り入れたに違いない。

祖父の代から浅草小島町の家主であった松本亀松は後年、「大正の消防夫では小唄にも鼻歌にもなりませんや。いなせと勇肌《いさみはだ》てエのは俺の事だてな顔をして居たのが江戸の仕事師だったのです」と回想しているが、彼は全盛期の鳶（＝仕事師）の姿を、

メク（＝盲縞）のパッチ（＝股引）に紺足袋、腹掛、組の役半纏《やくばんてん》、豆絞の手拭を肩に

かけて、にこく（二黒）の鼻緒のつっかけ草履《ぞうり》、頭は角刈り、シャッポなんざあかぶりません。下《おろ》したての草履と二子（織）の風呂敷に包んだ弁当箱に鉄色《くろがねいろ》の真田紐《さなだひも》がかかったのをひょいと持った、こんな姿で丁場《ちょうば》へ行く。

と描いている（『江戸時代生活研究　彗星』二―一・四）。「頭は角刈り」だから、これは明治五年以降の姿である。そして、彼らは「弁当を忘れたりすると、食べずにゐたもので、如《い》何《か》な三下《さんした》でも鳶と名の付いた以上、一膳飯屋やそば屋で中食《ちゅうじき》はいたしません」と、車夫などのほかの力役型の労働者と明らかに区別できる行動様式を示していた。まだまだ、この時期の鳶は町方での花形性を保っていたのである。新橋花月の平岡得甫の回想によれば、明治八年ごろの新橋の「本当の芸ばかりで売った」芸者衆は、「大抵はいなせな仕事師か何かがいろ」であったという（「五十年前」『戊辰物語』）。

六年の皇居出火の日、下谷の医学校の長屋からの出火で、鎮火後に消口札の掲げ方をめぐって第一大区の旧に組と第五大区の旧か組が喧嘩となって双方負傷者を生じ、また制止しようとした邏卒《らそつ》も負傷した。これを報じた『東京日々新聞』は、

嗟《ああ》、此《この》人足等《ら》従来毫厘《ごうり》も人に遅るるを恥とし、人を圧するを以て栄《はえ》とするの弊あり。是所謂《これいわゆる》江戸ツ子気と唱へ、我と俠とを顚倒するの嗚呼《おこ》より出て、開明日新の際には、

忌むべく嫌ふべきの甚しきものなり。花繍《ホリモノ》をする、違式に処せらるると、況《いわん》や身を一時の意気張に因《より》て傷《そこな》ふ。実に嘆《たん》ずべく慎むべき事ならずや。

と論評している。五年一一月に制定された違式詿違条例は現在の軽犯罪法にあたり、邏卒がその実施にあたっていた。これにより刺青《いれずみ》や喧嘩《けんか》が禁止されており、新政府が求めた民衆のあるべき方向は鳶たちのありようと大きく異なることが明らかであった。江戸を過去のものとし、開化の担い手を自任する新聞記者などには評判がよいわけはなかった。

警視庁による消防再編

「人民保護」の要務

夫《そ》れ警察は国家平常の治療なり、人の兼《かね》て養生に於けるが如し。是を以て能《よ》く良民を保護し内国の気力を養ふ者なり。故に古《いにしえ》より帝権を盛にし、版図を拡《ひろ》めんと欲する者は必ず先《ま》づここに注意せり。（『大警視川路利良君伝』）

警視庁の創設

明治五年（一八七二）に東京の警察組織の整備のために司法省から欧州に派遣された旧薩摩藩士川路利良《かわじとしよし》は、六年九月に帰国し、このように書き出した意見書を大久保利通《としみち》に提出した。内政の中心となる内務省の創設を計画していた大久保は、この構想を生かして警視庁を創設し、川路をその責任者たる大警視に任じた。

従来の東京の警察組織は五年八月に創設された司法省警保寮で、邏卒《らそつ》と番人を指揮して市中の取締りにあたっていた。実際の警察力では、おもに薩摩藩から差出された士族からなる邏卒が番人より多数を占めていたが、これは維新期の首都の治安維持のための一時的な体制と考えられており、将来これをどのような方向で整備していくかは大きな課題であった。司法省は、各区で民費で雇う番人を末端に置き、新たに設ける比較的少数の官吏たる巡査がこれを監督する制度を構想していた。番人は「区内に育《やしな》はれる者なれば、区内人を雇主と心得、応対案内等丁寧にすべし」（東京番人規則細目第一三条）、と住民に雇われた住民への奉仕者であり、非番日には商業を営むことが許されていた。これは、江戸時代の木戸番《きどばん》に類似しており、実際にかつての木戸番が引きつづき番人に任じられることも多かった（横瀬夜雨『太政官時代』一九二九年）。

川路はヨーロッパの巡査が多く兵役終了後の除隊兵であることを見聞した結果、邏卒を巡査と改称してこれを警察力の中心とする一方、番人を廃止した。番人中心の自治的な警察ではなく、当面は士族を主な担い手とする、国家による警察を目指したのである。この理念は後年まで警察官の心得として尊重される彼の著作『警察手眼』の中で、国家が父母で人民は子、警察は保傅《ほふ》（＝守り役）であるという言葉であらわされている。

東京名所八代洲町警視庁火消出初梯子乗之図（東京都公文書館蔵）

明治８年（1875）１月４日の警視庁最初の出初式を描いたものとされる．階子と並んで右手に立つのは指俣である．手前には警視庁の幹部らしき人々が見え，左手からは「ポンプ」の旗を立てて，大型の腕用ポンプが入場しつつある．46人掛りのポンプであろうか．

川路は前述の上申で、「人民の損害火災より大なるなし、故に消防は警保の要務」と論じている。「人民保護」が警察の職務である以上、消防はその中でも重要な地位を占める。そこで東京の消防事務は、明治七年（一八七四）一月一五日に警視庁の創設とともにその所管とされた。

消防の位置づけ

警視庁は同月二〇日に「消防章程」を制定し、その第一条で「人民の損害たる火災より甚しきはなし」として、消防の処置を誤れば「貴重の人命を毀損し、国財を蕩燼《とうじん》」するから、消防は「警保の職に在て尤《もつと》も緊要の事務」であると川路の意見書での位置づけを公に示した。「人民の損害」が、私有財産の喪失ではなく、人命と「国財」の損失と規定されていることは、消防が自治的な活動ではなく、国家の活動としておこなわれることに対応している。自分たちの財産を守るためにどのような負担をするかは当人たちが決定することだが、国家のつとめである人民と国財の保護のためにいかなる措置が必要かは、国家が決めるのである。

とはいえ、警視庁が引き継いだ当初の消防費用は、前述のように、年間約二万三〇〇〇〜二万四〇〇〇円がすべて受益者たる住民によって負担されていて、とうてい国家の活動とはいえなかった。そこで、川路は明治七年一〇月一八日に「府下消防入費の儀に付き上申」を提出して、年間約三万円の官（国）費支給を求めた。これによれば、消防組は「受持組合普請を廃し私賄を禁じ」られてわずかな手当てしか得られないにもかかわらず束縛を受けるので、鳶たちが規則もなく「自由我業に安んじ」られる「土手組」（消防組に属さない鳶の集団）に流れて、消防組を蔑視する傾向があり、このままでは維持が難しい。一方で、幕府は定火消に年間五万円相当を投じ、諸藩にも消防を命じていた。これに対して天皇の都で内外の人民が輻湊し、官庁の建物も多い東京の「消防を一々民費のみに賦し、官より供給する所これ無く候ては人民保護の義務に於て或は未だ尽さざるに存ぜられ候」。そこで、官費により全消防組員に一日の割で足留め金を支給したいというのである。新制度の下での平組員の月給は二五銭であったが、平組員の足留め金は一回八銭で月に一円二〇銭程度となってかなりの効果が期待できる。この川路の上申は一二月五日に認められた（『公文録』）。

これは、施設が存在するところから官庁にも民家と同様の基準で負担を求めた家税の論理に似ているが、実際に民費以上の官費を投じる点からして、民費によっていた番人を廃止し、宿料の名目で一部民費での負担を求めつつも、基本的に官費で賄われる巡査に狭義の警察業務の担い手を一元化したことと相まって、国家による警察活動という理念に可能な範囲で費用負担方式を合わせようとしたものと考えられる。

江戸時代以来、火消組には組の区域内の町から町役人が付き添い、進退を指揮していたが、「消防章程」は、各組を警部一名と巡査六名が「監護」するとした。これにより、消防組は町々の自治的な行政からまったく切り離され、国家の警察組織の指揮系統に組み込まれた。

「監護」と引退勧告

新門辰五郎《しんもんたつごろう》は明治八年に没し、このころ消防組の鳶の世界で勢いを持っていたのは「め組」頭取吉野卯之吉や「百組」頭取宮松三之助《みのすけ》であった。彼らは東京府の管轄下でかつての頭取にあたる「鳶頭《とびがしら》」となっていたが、警視庁は消防事務の引継ぎにあたって、「老余この危険なる業を事とするを憐れみ」その退職を求めたという。そして、「道路請負《うけおい》」に転じるなら、これまでの功績に免じて特別の便宜を与えると提案したと伝えられる（『報知新聞』三六年一二月九日）。

「老余」といわれても、吉野はこの時満四三歳、宮松も四七歳にしかすぎない。警視庁引継ぎ後の最初の殉職者となる一分署四番組（旧せ組）組頭田中彦次郎は七〇歳、一二年一二月に殉職する五分署二番組（旧か組）組頭長谷川仙之助は七三歳であるから、彼らは当時の鳶頭としては若手の方である。彼らを「老余」として排除するなら、それは恣意的なものといわざるをえない、また彼ら以上の年齢の鳶頭のすべてに引退を迫ったとすれば、それは旧人足頭取の大部分にあたったはずである。いずれにせよ、警視庁は勢力のある人足頭取を消防組織の一員として引き継ぎたがらず、そのためには営業の自由の原則に反しかねない便宜の供与を辞さなかったのである。

これに対して吉野と宮松は「其《そ》の有り難き思召《おぼしめ》しに背くは心ならねど、我等《われら》利に就《つ》きて此《こ》の職を引き、子の如き若者に別れ去るに忍びず」と答えて拒否したと伝えられる。この結果、警視庁は親分格の人物を含めて鳶集団を丸抱えすることを余儀なくされ、明治一七年（一八八四）の府会で当局者が「元来鳶人足共は富士講或は大山講などと称へ居るゆへ、足留給は其の講中の積金になすとて頭取共の手に落ちしとのことなり」（『東京横浜毎日新聞』五月二八日）と発言するように、給与までも組頭などの親方衆が仕切るのを見守ることになった。もちろん、平の鳶は仕事がない場合も含めて親方を頼って生活したから彼ら自身にとってこれは当然であったろうが、新たな理念や器材の導入によって消防体制の変革をはかろうとする警視庁としては自律的な強い統制力を持つ組織をそのまま抱え込むことは好ましくはなかった。

「消防章程」の消防組

消防組の編成・装備は従来大区ごとに異なっていたが、この時に全三九組を通じて統一された。各組とも組頭、同副、小頭、同副各一名、纏持《まといもち》三名、階子持《はしごもち》六名、水道具持一二名、平組四五名の計七〇名で、組頭という名称は少なくとも公式には六年一二月から用いられた。出動に際しては大区単位での半鐘による信号を受けてそれぞれの組の寄場に集合し、組頭を先頭に火事場に赴き担当警部を通じて大区担当少警視の指示を受けた。各装備は纏二本（うち一本予備）、階子二挺、竜吐《りゅうど》水《すい》一挺、指俣《さすまた》一挺と、指俣が増加して各小組に配置され、水鉄砲が消えたほかは江戸時代から大きな変化はない。水道具持の役割は竜吐水で纏持等に水を注ぐこととされているから、消防方法も従来通りであった。ただし、このほか消防組から「精練なる者を」撰抜して四組の喞筒《そくとう》（ポンプ）組が設けられた。これは先に輸入された四六人掛りポンプを運用したものと考えられ、人員はポンプ組頭以下三八名であった。『警視庁史稿』によれば、これ以外に二〇名からなる小ポンプ組一個も設けられており、明治四年に輸入された腕用ポンプは東京府管轄時代の不評にもかかわらず、すべて用いられていたと思われる。

七年の冬になると、消防組の夜詰が開始された。これは、二五ヵ所の屯所《とんしょ》を設け、冬期に、一般の消防組は四日に一日、喞筒（ポンプ）組は二日に一日の割でここに詰めて待機するものであった。川路が申請した官費は結局この夜詰の手当てとして用いられ、平人足で一晩一二銭五厘の割で給与された。夜詰は翌年四月一杯で終了し、以後は毎年一一月から四月まで実施されることになった。また、各組の半数を当番として、通常の出場ではこれが出場し、区内や皇居の出火では総出とすることに定められた。

消防隊の登場

東京警視庁大警視川路《かわじ》利良《としよし》は、明治九年（一八七六）一月に大久保内務卿に対して、消防器具として「ポンプより便なるは莫《な》し」とポンプの重要性を強調し、パリ視察の際に現地で見た手動ポンプを取り寄せ、これが揃う日を待って「従来の消防方法を一変」（『大警視川路利良君伝』）する方針を示した。川路が輸入したポンプは八名の腕力によって、一分あたり二八八〜六三〇リットルを放水し、後に甲号ポンプと呼ばれた。

喞筒組・別手組

これを運用する新ポンプ組は組頭・小頭各一名、筒先四名と平組一六名の二二名で、八年一〇月から九年末までに二六組が編成され、同時に家屋の取崩しとポンプの水櫃の穿造《せんぞう》

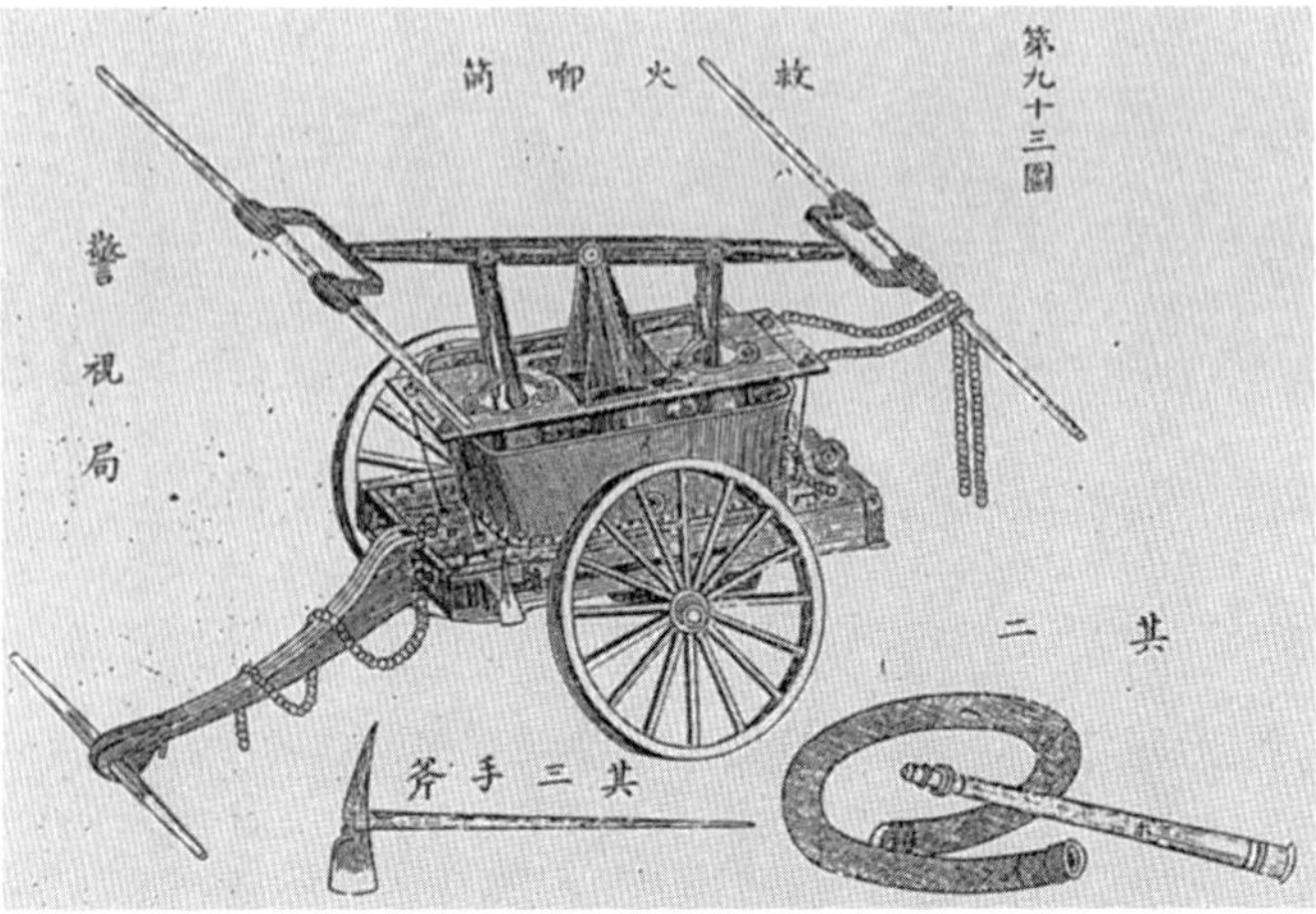

甲号ポンプ（『明治10年内国勧業博覧会出品解説』）

後に甲号と称せられるフランス式の腕用ポンプ．右下に見えるのは管鑓と吸管．手斧は付属品である．明治10年の第１回内国勧業博覧会に警視局から出品された品である．明治８年に模造に着手され，後にポンプ製造業者として発展する元鉄砲鍛冶市原求と埼玉県川口の鋳物師永瀬治郎右衛門が製造にあたった．水が乏しい場合には吸管を用いず，竜吐水のように本体に水を注ぎ込んで使う．

にあたる三〇人編成の別手組七組が設けられた。別手組は、指俣、折階子《おりはしご》、輜重車《しちょうしゃ》、麻綱、碇《いかり》、小万力、鶴嘴《つるはし》、大鋸《おが》、鉄梃《かなてこ》、木槌《きづち》などを装備した。大型ポンプは一台を残して廃止され、甲号ポンプ二六台と合わせて二七台のポンプが配備されたが、前述のように水利の確保がポンプの運用の前提であったから、別手組が現場で河川や水道に手を加えてポンプの活動を可能にするように計画されたのである。また別手組は当時としては有力な器材を用いた破壊消防隊でもあった。

これらの新しい組の特徴はそれが警察署単位に編成されたことである。従来、鳶《とび》はポンプやその他の新器材の利用に消極的であったが、ポンプ組は各警察署の構内で冬期の夜詰をおこなっていたから、出動の時から警察官に監視されてポンプを持出さざるをえず、別手組は直接の火掛りを禁じられ、管轄警察署長の指揮を待って活動するとされていた。警視庁が好ましいと考えたポンプや器材の利用を、警察官の監督の下で鳶に強制するためにこのような編成がとられたのである。

一方で、一般の消防組は各組五〇名に減らされたが、ポンプ組六一二名、別手組二一〇名に対して一九五〇名と数的には全消防組の三分の二以上を占めた。消防体制の変革は部分的にとどまっていた。

従来の鳶たちの習慣からすれば、ポンプ組や別手組の鳶はかなりの反発を感じたはずである。しかし一方で、彼らとしても対応を迫られる事態が生じていた。

建築の変化

明治五年（一八七二）二月二六日に銀座・築地を焼き尽くした大火の後、銀座には日本で初の煉瓦《れんが》街建設が計画され、消防組が警視庁へ移管されたのと前後して煉瓦建築の町並みが登場したのである。町火消《まちびけし》の消防の技能の特長は、前述のように、一階、せいぜい二階建ての木造家屋をすばやく解体しながら消火する乾滅法にあった。江戸時代でも城郭の火災には手桶で水をかけるほかなかったし、町方にかなりの数あった蔵は、左官が扉を閉め、目塗りをすることによって防火し、鳶人足はその屋根に登ることを禁じられていた。これを防火壁として周辺で消防活動をして延焼を阻止することは多かったものの、それ自体は消火活動の対象ではなかったのである。

火災後の銀座では煉瓦造り、蔵造り、塗屋造りだけが許された（藤森照信『明治の東京計画』岩波書店、一九八二年）。これらの建物は蔵とは異なって内部で火を使うから出火のおそれが高く、また蔵より開口部が多いから延焼の可能性もあった。しかし従来の鳶の破壊消防技術ではこれらにはほとんど対応できない。鳶たちは消防の力があるということでその花形性を保っているので、出火に対応できないという事態は避けねばならなかった。そこで欧米で煉瓦建築の消防に有効に活躍しているポンプの利用もある程度は必要と感じたであろう。また、幕末に町火消が長州藩中屋敷の土蔵二〇ヵ所余りを破壊した時には、「柱通り二三尺上より大鋸《おが》又は釿斧《きんふ》を以て伐付《きりつけ》、大縄を付、シャチ（車地＝ろくろ）にて巻く」（『嘉永明治年間録』）という手法でこれらを潰している。対象建物の種類によっては江戸時代から道具や縄、ウインチの類を用いていたのであり、そこで建築技術の変化により従来の手法では難しい建物の破壊を迫られれば、別手組のような装備を活用することも辞さなかったと考えられる。

消防隊創設の背景

川路利良は明治一二年（一八七九）に警察制度研究のためにふたたび洋行したが発病し、急遽帰国して一〇月一三日に没した。一方で、この年は東京で維新以来最も火災が多く、翌一三年四月、西南戦争のために一〇年に警視庁が改編されて成立した内務省警視局東京警視本署が消防組織の抜本的な改変を試みた。翌年の東京府会区部会ではこの事情を小野田元凞《もとひろ》が説明している。彼は一二年に川路と同行して欧州の警察・監獄制度を視察しており、立案段階では未帰国ながら、そのもたらした情報は、川路の一度目の洋行の際のパリ、ベルリン、ブリュッセルの常備消防隊についての視察記録（高橋雄財『明治時代の警察部長』一九七六年）とともにこの構想に影響を与えたに違いない。

さて、警視本署は従来の消防組を「その構成未だその宜《よろ》しきを得ず、且《か》つその消防夫も亦《また》その術に練習熟達せしものにこれなし」とした。消防技術として在来の鳶の技能ではなくポンプの運用などを想定しているのである。また、川路が消防組員の冬季夜間の定詰という形で、時期・時間を限定して築こうとした準常備消防体制も期待したほどの効果は生まなかった。小野田は、

消防夫に夜詰を為さしめたりしに、下等社会の常態、規律制度のなきより、或いは淫《いん》酒《しゅ》に沈湎《ちんりん》し、或は博奕《ばくえき》を事とし、而《しか》してその火災あるときに至りては、所謂《いわゆる》出入り先に馳せて毫《ごう》も府民の利とならざるが故。（『東京横浜毎日新聞』明治一四年六月一二日）

と消防隊に頼れない理由を説明している。当時の警視庁と消防組との関係では、夜詰中の飲酒や賭博《とばく》を根絶することができなかったのである。また後半の問題は、江戸時代からの課題である。しかし、消防組は公的には江戸時代のような各町から差出される人足ではないので、江戸時代とは違って自分の持ち場の町が出火場の風下であっても出場の義務がある。一方で、消防組の給与だけでは生活できないから日ごろの出入り先である有力な商家

や町の家々との関係も大事にしなくてはならない。そのため、完全に消防組員の職務を放棄することはないにしても、出入り先に一度は顔を出して防火の手配の指図をするくらいのことはあったであろう。半鐘を聞いて集合するのであれば多少の寄り道も目立たなかったろうが、夜詰していて出火時にどこかへ顔を出しに行くのは、東京の区部全域の人命と国財の保護にあたる消防組員としては明らかな職務放棄であり、問題とされたのである。

また、警視庁は九年四月に開催した区戸長会の議案書で「曩《さき》に消防章程を発行するも実際行はれざるが如し。加之《しかのみならず》先般分庁を廃し各署に消防事務を委任せしに付、無用廃物に属す」と述べている。消防の制度は「其法密なれば行なはれず、粗なれば弊害益《ますます》甚し」で、消防組について詳細に規定した消防章程も実際には遵守されていなかったのである（『三四小区区務所会議記録』）。そして、消防章程では大区の消防組を大区出張所の少警視が指揮するはずであったが、八年末に大区出張所を継承した分庁が廃止されたため、各警察署が個別の消防組を指揮することしかできなかった。もちろん、少警視による指揮の実効が乏しかったからこそ、その制度が廃止されたのであろう。そしてこの区戸長会で警視庁は、消防組の鎮火後の引揚げの際の人員点検を「官員及び戸長立会《こちょうたちあい》」でおこなうことを提案した。建前上警察組織に組み込まれたはずの消防組であるが、その出動状況の調査すら、町名主の流れを汲む戸長の助けを求めなくては厳密には実施できなかったのである。

しかし、六大区を七〇小区に分け、それぞれの小区に戸長を置く当時の行政制度は明治一一年に一五区制に改められ、もはや地元に密着した戸長の助けを借りることもできなくなっていた。警視本署は独力で対応策を執《と》らざるをえなかった。

消防隊の編成

警視本署が構想した消防隊は、完全な常備消防隊であった。その編成は警部試補以上の警察官吏からなる一～五等の司令が二〇名、新たに募集する傭員が三三六名で、うち一〇名が嚮導《きょうどう》、四四名が伍長、二七二名が消火卒であった。これを二個中隊、八個小隊に分ける。一個中隊は四個小隊からなり、三個小隊は各四三名で甲号ポンプ二台を運用する。もう一つの小隊は予備小隊で、四二名からなり破壊消防・運水・飛火防ぎなどにあたる。ポンプの小隊が消防組の新ポンプ組二組に、予備小隊が別手組に相当する。

勤務は隔日一昼夜で、中隊が五、六の分遣所を置いたから、各分遣所にポンプ一台と一〇名程度の隊員が常時待機したと考えられる。この人員では押し手が八名の甲号ポンプの運用にやっとであり、その消火活動は基本的にポンプによる放水に限られたであろう。

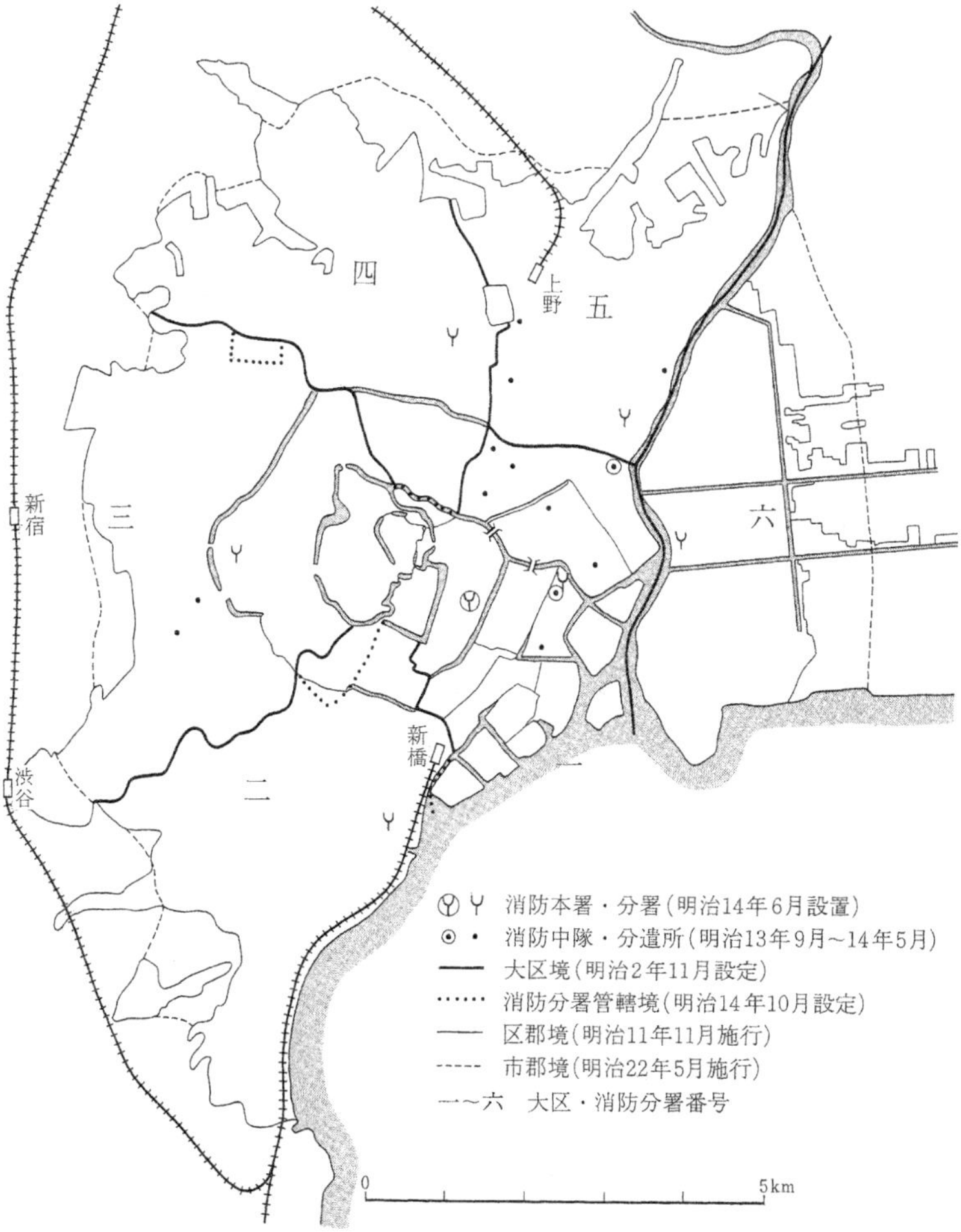

四
上野
五
新宿
三
六
新橋
渋谷
二
一
消防本署・分署(明治14年6月設置)
消防中隊・分遣所(明治13年9月～14年5月)
大区境(明治2年11月設定)
消防分署管轄境(明治14年10月設定)
区郡境(明治11年11月施行)
市郡境(明治22年5月施行)
一～六　大区・消防分署番号
0
5km

消防隊・消防置の配置

消火卒は当番日には洋装の制服を着し、公務に就く時は制帽を被り、また管内を巡邏《じゅんら》した（「消火卒職務心得」）。そして課業としてポンプ操練・体操術・器具使用法・消防規則書・製図などを学び（「消火卒規則」）、屯所内では「平常専ら静粛を要し、苟《いやしく》も喧嘩口論等粗暴の事あるべからず、且《か》つ所中飲酒を禁ず」と規律ある生活を求められた。この通り実現すれば先に消防組の欠点として問題になった点はすべて解決するはずである。ただ、この段階では二個中隊で、その分遣所の配置は七年以来置かれていた常雇消防夫に代わって配備された赤坂仮皇居と青山御所内のほかは、都心部の京橋から上野・浅草にかけての旧第一・第五両大区の範囲内に限られた。

消火卒の募集は太政官への伺《うかがい》と前後して開始されており、明治一三年四月一三日の『朝野《ちょうや》新聞』は「警視局にて過般消防隊を置かれし以来、同隊へ編入を出願するもの日に十名乃至《ないし》二十名計《ばか》りあるとのこと」と報じている。

消防隊員

消防隊の消火卒の採用基準は、健康状態が職務に差支えなく、徴兵相当の者をのぞく年齢二〇歳から三五歳までの者で、二ヵ年以上勤続可能で、日常の文字に通じる者とされた。従来の消防組員の採用基準は明文化されていなかったが、この後、一七年に明文化される時には年齢一七から四〇歳とより幅が広い。消防隊は、十分活動できる年代の人員だけで構成しようとしたことが窺える。

さらに「日常の文字に通じる」という条件も消防組員には要求されなかったが、消火卒は巡査と同様に「職務に関する大小の事件は総て手帖に登記」する能力が求められていた（「消火卒職務心得」第七条）。明治五年の学制以来小学校の義務教育が展開されていくが、その八年後のこの時点で二〇歳以上のものは、それ以前の世代であり、有資格者はおのずと限られた。一四年の府会での審議では消防隊が「士族や書生の揚《あが》り」と形容されており、この基準が実際に影響するかたちで消火卒が任用されていたことが察せられる。

当初、消火卒はすべて月給一円五〇銭の見習とされ、逐次同二円五〇銭〜三円の消火卒となった。しかし、同年一一月から給与が引き上げられ、翌年度予算では当初官給であった食料を自弁としながら消火卒から名を変えた消防手が六円から七円、伍長・嚮導は巡査と同額の八円から一〇円となった。火災が少なく訓練が中心であった夏季はともかく、火災の多い冬季に熟達した消火卒をひきとめて定員を維持するにはこの程度の給与が必要であったのであろう。

この時期に消防隊が設置された一つの背景に、警視庁の再置と士族窮乏化が考えられる。警視局に発展的に解消されていた東京警視庁は一四年一月に警視庁として再置されるが、その際、職員・巡査の整理がおこなわれた。一方、当時、秩禄《ちつろく》処分と西南戦争の関係で不換紙幣が増発された結果、インフレが進行し、金禄公債証書の利子を生活の糧あるいは足しにしようとしていた士族の窮乏化が問題となっていた。そこで、一方で司令官として警察官吏の転官をはかり、嚮導・伍長として非職巡査の再就職先となり、また消火卒として、窮乏士族や上京中のその子弟を吸収することが目論《もくろ》まれたのではないだろうか。東京における警察関係の失職者や窮乏士族に職を与える必要性は、東京警視本署が一番強く感じていたはずである。明治一四年一月に陸軍に憲兵が置かれて、警視官吏および巡査二三六名が憲兵に転じており（田崎治久『日本之憲兵』一九一三年）、警察官を職務の類似する組織に転職させることは組織的におこなわれていた。

町火消の勝利

消防隊対消防組

消防隊の設置が上申されるより前の明治一三年（一八八〇）四月四日、『朝野新聞』は早くも「今般警視本署にて消防隊を置《おか》れしに付《つい》ては、是迄《これまで》の消防組を廃せらるるやの風説あり」と報じた。消防組の将来への関心の高さが窺える。同一六日の上申で警視本署は「消防組は先《ま》つ当分其《そ》の儘《まま》に据置《すえお》き、新募の消火卒増加するに従つて漸次相廃し候様致度《いたしたし》」としていたから、この報道は事実とかけはなれてはいない。東京警視本署は六月一日に消防隊を設置すると同時に消防本部職制・事務章程を制定し、消防と関係事務は消防本部長が大警視の命を奉じておこなうこととした。消防組については事務章程には規程がなかったが、九月一六日に全組を三つに分け、それぞれ三等司令が統率し、その下に第一消防組一番組といった「番組」計八個を置き、消防隊の小隊と同じく四等司令・五等司令各一名が指揮する体制をとった。第一消防組一番組の場合は三個ポンプ組、五個消防組、一個別手組がこれに属し、指揮官の格でみれば、二〇〇〜三〇〇名からなる消防組が四十数名の消防隊小隊と同等とされたのである。また同時に総員二七七二名を二〇〇〇名に減じることを決定したが、これは実施されなかった（『警視庁史稿』）。消防組が応じなかったためであろう。

当時の新聞によれば、明治一三年一二月三〇日には火事場での消防組と消防隊の衝突が確認できるが、両者の対立が誰の目にも明らかになったのは、明くる一四年一月四日の日比谷練兵場での出初式《でぞめしき》である。出初式は当時から多くの観客を集めていたが、この日、第一の演技は出初式初参加の消防隊のポンプ使用方であった。これが無事に終わり、ついで消防組の階子《はしご》乗りが順次おこなわれている途中で、消防組員の一部が、

刺子半纏《はんてん》を二枚に重ね之《これ》を水にて浸せし上に平常の印半纏《しるしばんてん》を被り、脚半手甲《きゃはんてっこう》いかめ敷《しく》、鳶口を明煌々《めいこうこう》と磨澄《とぎす》ましたる一群の、吶《とっ》とおめいて消火卒の簇居《ひらがりお》る所へ突進し手当り次第に打て回るに、消防隊は騒ぎ立ち、応ご参なれ、目に物見せんと渡り合ゐ、揉《もみ》に揉んで闘う。（『東京横浜毎日新聞』一月六日）

という騒ぎを巻き起こした。五等司令津濃宏は帯剣を抜いて割って入り、ようやく両者を引き分けたが、巡査一名と消火卒七名が負傷し、巡査は重傷、消火卒一名は危篤となった。晴れの場での計画的な暴行によって巡査にまで負傷者を生じさせられた警視本署が面目を失し、消防組の不満が東京府民に印象づけられたことは想像に難くない。

その後一月二六日の神田松枝町からの出火に際しても、横山町で第一消防組の鳶人足と消防隊消火卒が衝突して「一時は余程の騒動」となり、消火卒に三名の重傷者を生じた（『東京横浜毎日新聞』一月二七日）。

大火の続発

そして、消防組と消防隊の衝突があった明治一三年一二月三〇日の神田区鍛冶町出火の火災は二一八八戸、一四年一月二六日の神田区松枝町出火の火災は一万六三七戸を焼失する大火災となった。後者は維新以来最大の火災であり、また一〇〇〇戸以上焼失の火災が一ヵ月以内に連続するのも稀なことであった。消防組の削減は実現せず、消防体制としては従来の消防組に加えて消防隊が活動していたにもかかわらず、維新以来最悪の延焼が見られたのである。大規模火災はこれにとどまらなかった。二月一一日に神田小柳町から出火した火災は七七五一戸を焼く維新以来四番目の大火災となり、二月二一日に四谷区箪笥《たんす》町から出火した火災も一四九九戸を焼いた。一三年一二月から一四年二月までの三ヵ月間の焼失戸数は二万二七九二戸、面積は二六万九三一二坪に達し、その直前三年間の焼失戸数・面積の合計を凌《しの》いでいる。消防組織の改変が有効に機能しなかったことは誰の目にも明らかであった。

なぜかつてない多数のポンプが備えられながら、消防隊の分遣所が置かれている中心街が相ついで焼けたのであろうか。消防隊のポンプは消防組のそれと同種のもので、技術面で画期的な進歩はなかった。多数のポンプを集中するにしても、それに対応する消防水利の整備はおこなわれていなかったから、消防隊の設置が大幅な消防力の向上をもたらすことはなかったのである。そして、小木新造氏の研究によれば、一二年七月の段階で日本橋・神田・京橋の都心三区の民有建造物四万六〇四五棟のうち煉瓦造は九二九棟、八四棟の石造を合わせても二・二％にしかすぎなかった。これに土蔵と塗家造を加えた不燃建築全体でも八・四％にしかすぎず、モルタル壁などの技術もなかったので九割以上が木製の外壁を露出した建物だった。さらに六割以上の建物は屋根に瓦すら乗っていなかったから、火災は平面的に延焼しやすかった。一方で、建物の過半、五一・六％が一階建、四八・二％が二階建で、三階建以上の民有建物は一〇六棟、〇・二三％にしかすぎなかった（小木新造『東京庶民生活史研究』日本放送出版協会、一九七九年）。鳶の乾滅法での消防はまだまだ有効だったはずであり、彼らの活動意欲が消防力を左右していたと考えられる。

千や二千は惜しむに足らず

大火多発の中で、二月一一日の火災で辛くも延焼を免れた通旅籠町《とおりはたごちょう》の大丸呉服店では、

此の夜、同店へ出入りの人足、大工、左官、家根職の類が多勢《おほぜい》来たりて消防には随分力らを尽したれども、何分烈しき風に吹付る猛火の勢ひ、とても助かるべき気色《けしき》なかりしが、番頭の中に心利《こころきき》たるありて、「万一類焼せば五、六万の損耗なり、千や二千は惜しむに足らず」と屋根に群がる人足に声をかけ、「此所《ここ》を首尾よく立ちきつて呉れれば、二千円、これだこれだ」と二本の指を出して駈けまはれども、始めは二百円と誤りしか、人足どももさして集まるけしき無ければ、番頭は猶《な》ほ大声あげて「二千円だ、二千両だ」と怒鳴る声に「二千両、よし、此処は受け合つた」と人は集る、気力は乗る、さしもの火勢も畏縮せし如く、同家の左右前後を焼て、瓦一枚、格子一本も損せず焼原《やけはら》の中に大きな家が一軒残りしは、二千円の徳とは云へど、実に安いものと申すべし。されば此の消防に尽力せし鳶人足はいづれも二十円づつの割前を貰ひたりとか。「何《どう》しても町火消は火事に馴れて居るから手際なものだ、火事は町火消に限る」と人々は云ひ合へり。（『東京日々新聞』二月一六日）

という光景が見られたという。大丸に集まった「町火消」が消防組員かそれ以外の鳶かさだかではない。しかし大火災が鳶に活躍の舞台を与え、それは彼らの技量と意気を遺憾なく示す場であると同時に、個々の鳶が消防組平人足の月給（二五銭）の八〇倍にもあたる収入を得る可能性がある場でもあったことがわかる。鳶としては、火災後の再建で仕事の機会が増えることも含めて、人命の損失がほとんどない当時の大火は必ずしも忌避すべきものではなかった。消防体制の中で傍流に追いやられ、将来は排除されかねないという状況の下で、警視庁の指揮下での消防に身が入らなくても不思議はない。

一方で、大火が生じれば、火災保険制度のない当時、財産を焼失した人には確実にそれだけの損失が生じた。当然、財産家ほど、この例のように手段を選ばず鳶の力に依存せざるをえなかった。失うべき財産のある府民は、鳶たちにいかに誇りを持って公共の利益のための消防活動に従事してもらうかが課題であることを痛感した。

東京府会での審議

明治一四年（一八八一）五月、東京府会区部会で消防隊の存続が否定された。

一一年に制定された府県会規則により、府県の予算は府県会で審議されるようになった。東京の消防費は前述のように過半が官（国）費であったが、府の区部住民から聞小間割で集められていた消防入費は府の地方税に引き継がれたため、一二年度予算から府会で審議された。そして、警視本署の消防活動は郡部には関係なかったため、府会の区部会が審議の場となった。

当時の会計年度は当年七月から翌年六月までで、消防隊の創設は一二年度の終わりごろであるが、その予算は一三年度の予算にも計上されていない。消防本部・消防隊の創設が内務省から太政官に稟請《りんせい》された際には新規の経費は必要ないとしており、消防隊の人件費はおもに消防組の夜詰を廃止することで調達されていた。しかし、すでに消防隊が活動している時期に審議された一四年度予算には、消防隊経費を計上しないわけにはいかなかった。

府会に提出された一四年度の区部消防費予算は、七万九八八七円、うち消防隊の費用は嚮《きょう》導《どう》以下の給与だけで二万八八三六円で、ほかに被服、器械修理、出場時の賄料、新聞への募集広告費などがあった（「自明治十二年至同二十年　東京府会決議録」）。

この審査にあたった常置委員は原案から消防隊経費を削除した改定案を作り、本会議ではそのいずれを取るべきかが論じられた。本会議で常置委員を代表して説明に立った沼間守一は消防隊廃止の理由を三点にわたって論じた。第一に従来の「火消人足」は「別に給金を要すと云ふにあらず、唯《ただ》東京固有の慣習にして多く自家の好尚《こうしよう》に出づるものなり。申さば是は府民の仕合《しあわせ》なり」と、消防組員の存在を高く評価し、「益々之《ますますこれ》を奨励」すれば、ほかに消防隊を作る必要性はない。少しは弊害はあるが、それは警視庁がよく取締まれば除去できるとした。第二に「元来火消の事たるや屋根より屋根に移り足場より足場を伝へて殆《ほとん》ど空中に居て其の働きをなす」ものであるが「士族や書生の揚り」にはそのようなことはできないと、在来の鳶の技能を基準として消火卒の技量不足を指摘した。第三に、二中隊の消防隊では東京の規模に対して不足であり、一〇中隊くらいは必要であろうが、それでは十四、五万の予算が必要でとうてい実現不能であると論じた。そしてこのような不十分な隊を存続すると「実効少なきのみならず、又一方には練熟せる火消人足の心を挫折せしむるの恐れあり」と、消防組員の士気の低下につながるとした。

ほかの議員からも「世上の風評を聞きしに隊は寧《むし》ろ無用の長物」といった批判がなされ、原案維持の立場に立つ警視庁の小野田三等警視も、消防隊がいまだ不馴れなことを認めて、「従来の消防人足にして隊中に入らんと望む者あれば理事者は決して之《これ》を拒まず、喜んで之を隊中に編入する心得なり」と消防組の鳶たちの技量を評価し、また完全を期すには一〇中隊程度が必要なことも認めた。議員小松崎茂助は、鳶による消防組は「府民にとりて甚だ便利」ではあるが、それは「徳川氏の余風」であり、「今日の勢にては此の気風も漸《ようや》く消滅するの姿あり。追々之《おいおいこれ》に従事する者はなきに至るべし」と消防組制度の将来を悲観していたが、それでも「今年の如く非常に地方税の嵩《かさ》む際には何とも致し方なし」とした。明治一四年度からは、国の財政難のため土木費・監獄費などで従来国庫支出であったものが地方税に切り替えられ、府県の財政支出は拡大していたのである。このため、警視庁の原案に賛成する議員は一人もおらず、消防隊費用の削除は全会一致で可決された（『東京横浜毎日新聞』明治一四年六月一二〜一九日）。

消防分署と抜刀隊

これを受けて警視庁は、四日後の五月三一日に消防隊を廃止し、隊員に一ヵ月分の給与を手当てとして与えて解雇した。ただ全体の四分の一程度にあたる赤坂仮皇居と青山御所の二個小隊は当面残され、編成・給与ともにほぼ従来のままで八月に宮内省に移管された。彼らは一九年五月皇宮警察の創設により、皇宮警察官・皇宮警手となるが警手のうち消防技手は三二名であり、その規模は縮小されていた。

ふたたび一元的な公共消防の担い手になった旧町火消の消防組は、ポンプ組や別手組を廃止して東京府の「消防改革」で設定された三九組体制に復帰した。各組の二台の竜吐水のうち一台がポンプ組や消防組から引き継がれた甲号ポンプに変わったという変化はあるものの、警視庁によって進められてきた消防組の改編はほぼ振出しに戻ったのである。また、消防隊の予算捻出のために廃止されていた手当つきの夜詰も復活した。実力を再評価された鳶たちの勝利感は大きかったであろう。

一方で、警視庁は消防に関して全力を消防組の指揮・監督に向けることになったから、その体制も整えられた。消防本部は一四年一月の警視庁の再置にともなって消防本署と改まっていたが、この下部機関としてかつての六つの大区ごとに、消防組を直接に指揮・監督する分署を置き、四〇名前後の常勤・専任の消防官がその任にあたったのである。そして消防署長として全消防組に睨《にら》みを利かせたのは三等警視川畑種長であった。

鹿児島県士族川畑種長の名は現在では忘れ去られているが、当時は西南戦争の田原坂《たばるざか》の戦いにおける警視庁抜刀隊の発案者かつ隊長として著名であった。川畑は一九年七月まで五年半消防本署長を勤め、また二三年から二六年にもふたたびこの地位につき、九年あまりにわたって東京の消防を指揮した。二三年に第三分署に赴任した土田団之助は「当時の第三分署長は梶川十左衛門氏とて鹿児島の藩士、署員も凡《すべ》て同藩出身にて何《いず》れも西南役《せいなんのえき》に白刃の下を潜りたる猛者《もさ》のみ」であったと回想している（『大日本消防』三巻七号）。警視庁は江戸の名残の実力集団を指揮監督するに、意図的に抜刀隊帰りの猛者たちを宛てたのである。警視庁抜刀隊は、当時としては国家への忠誠と勇敢さにおいて最も世評の高い集団であった。彼らの直接の指揮・監督に服することは、鳶たちにとってある意味で名誉とも感じられたであろう。

かつての東京の事情に暗い、消防には素人の警察官による管理から、威信を持ち、少なくとも西南戦争直後からの東京での勤務経験があり、また消防に専念することで経験や知識を得やすい専任の消防官による管理に変わったことで、消防組への統制はかなり深まったと思われる。西南戦争の終結により大規模な士族反乱は終わり、明治政府は実力面ではひとまず基盤を固め終わるが、その一端が、曲折を経ながらここにも及んだといえよう。

なお、消防分署員は全員が判任官以上の消防官であり、一七年八月に消防官に短剣の佩《はい》用《よう》が認められるまでは、「帯剣せざるときは私服と見做《みな》す」という服制により私物の長剣を帯して勤務していた。写真で見るかぎり、柄《え》・鞘《さや》は洋風であるが、刀身は日本刀と思われるものが多い。一五年一二月に巡査に帯剣を認めた内務省達は長剣の刀身を日本刀と規程しているから、これは当時としては自然なことであるが、元抜刀隊員の吊る剣は見る者にそれなりの迫力を感じさせたに相違ない。

「近代的」消防体制の確立

東京府会と蒸気ポンプ

明治一七年の「消防法改正」

消防隊の設置に挫折した警視庁は、「消防隊を廃止せしより以来種々考案を尽し」、明治一七年（一八八四）に府会に「消防法改正」（三島通庸文書「消防法改正の大意」）を提案した。当時の府会には予算審議権はあるものの条例制定権はないから、「消防法」は予算の使途としての消防方法のことであり、初年度の一七年度では六万円、以後の年度でも従来より約二万円の支出増が予定されていた。

「改正」は勤務方法・消火方法・給与方法のそれぞれにわたり、従来の消防組のありかたを大きく変えるものであった（『東京横浜毎日新聞』五月二五日～六月二二日）。

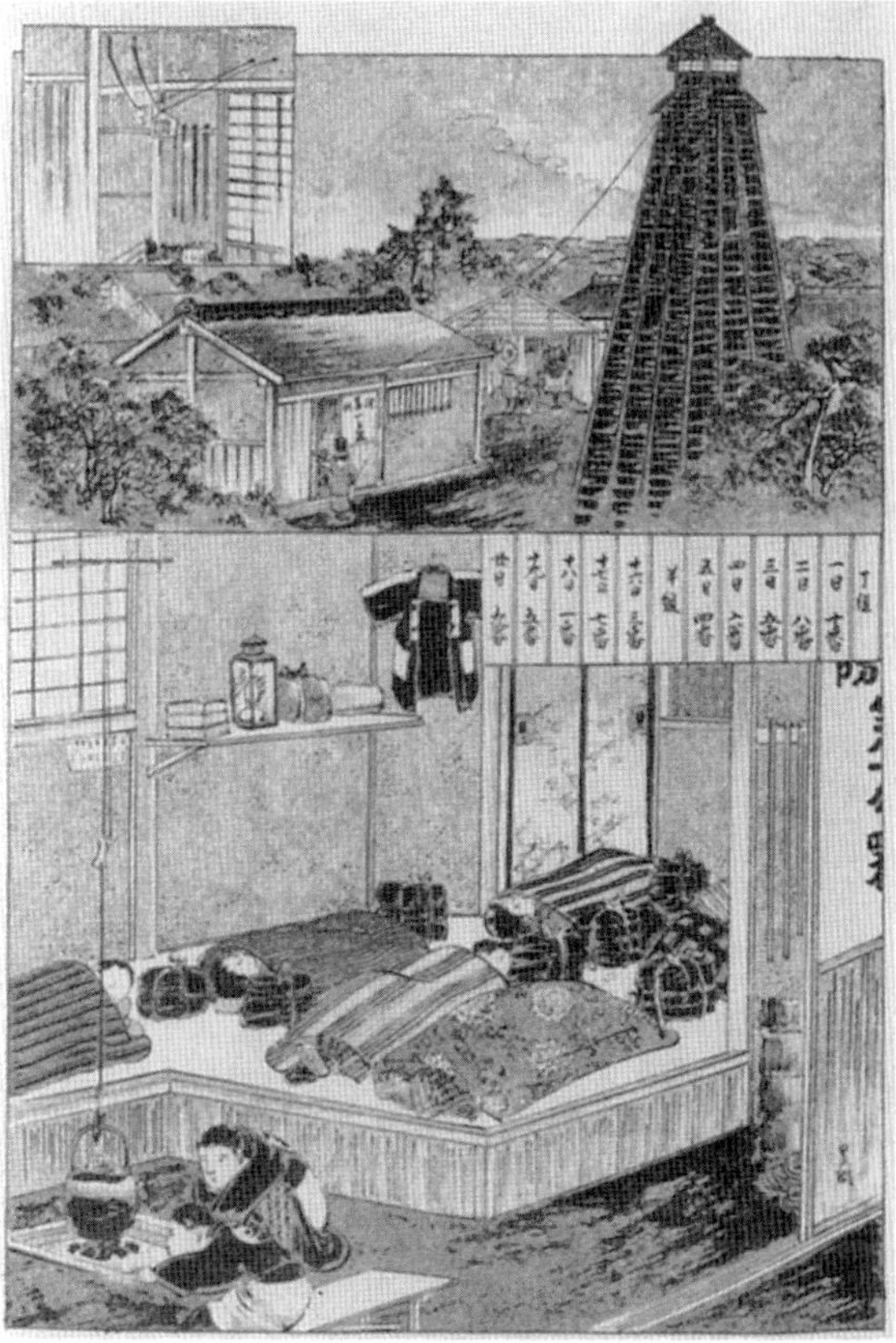

消防第一分署と常備消防夫（『風俗画報』第186号）

第一分署は現在の日本橋消防署．上段は全景で右手の櫓では消防組の経験が深い櫓番が30分交代で出火を見張る．中央奥には腕用ポンプと常備消防夫として勤務している組の纏などが収められた器具庫が見える．左上の鳴子と鈴は櫓上から出火を知らせるためのもの．下段は室内の常備消防夫で，不寝番のほかは草鞋ばきで寝ている．このほか消防官が勤務する部屋か建物があったはずである．同署は明治36年，洋風２階建に建て替えられた．

第一の勤務方法では、常備消防体制の創出と、分遣所での夜詰の改良が図られた。常備消防体制は消防本署に二〇名、各分署に一二名ずつの消防組員が輪番で常備消防夫として勤務し、交代で櫓《やぐら》で火の見をし、管轄区域内の火災に消防官とともに出動する体制であった。本格的な火災となると区部のどこへでも出動する本署には出動用の馬車が備えられた。冬季の夜詰は、当時交代で一二名ずつが分遣所に詰めていたが、その場所は必ずしも合理的に配置されてはいなかった。そこで、夜詰の人員を一〇名に削減するとともに、火災の発生件数が多い市街中心部に重点を置いてこれを再配置した。これにより、日本橋区での出火であれば、五分五秒以内に五町（五四五メートル）以内の五分遣所から当番の組員が駆けつけ、約二〇分後までには周辺二〇町以内の二三ヵ所の分遣所から二三〇名が集合する体制となった。一方、周辺の小石川区では、五町以内に二分遣所、二〇町以内の合計は一〇ヵ所となる。警視庁はポンプを馬車に積んで駆けつけることも考慮したが、調査の結果「府下の道路は狭隘なる小路多くして四分の一は馬車の通ぜざる場所あり」ということが明らかになったので、五七の分遣所からポンプを曳いて徒歩で駆けつける方式をとったのである。「冬季」は一一月一一日から五月一〇日までとされたので、一年のちょうど半分の期間は日没から日出までこのような体制がとられたことになる。

また、従来ただ待機していた夜詰消防夫のうち二名ずつが絶えず巡回することとした。これについて小野田は、現在冬季に「各町申合せ人民自ら夜廻り」しているが、これは「必竟《ひっきょう》消防法の不完全なる為めなるべし。実に保護者の職にありては申訳なき次第なり、向来《きょうらい》斯《か》く二重の費用は之《これ》を出さしめざる様注意するの精神なり」と説明している。納税している以上、自治的に警備活動をおこなう必要をなくすのが「保護者」たる警察のつとめであるという論理には、当時の警察官僚の意気込みが感じられ、つづく時代の国民の自警を求める姿勢との対比が興味深い。しかしまた、一四年の府会で同じ小野田警視が指摘したような夜詰消防夫の不規律への対応として、一定の任務を与えることも一つの目的であったろう。

乾減法から湿減法へ

第二の改革は新たなポンプの導入である。これは後に川路利良《かわじとしよし》が導入した甲号ポンプに対して乙号ポンプと呼ばれたが、府会の審議では従来の甲号ポンプを「大唧筒《そくとう》」、これを「便利唧筒」と称している。「便利唧筒」たるゆえんは小型であることで、甲号が一〇～一二名で運用されたのに対して六名で運用された。それ以前のポンプより小型であった甲号でも、上水井戸や掘り井戸から吸水して用いると上水井戸で五分、掘井戸でも一〇分程度で水が尽きてしまった。末端部の上水の流量

乙号ポンプ（『風俗画報』第186号）
明治17年に横須賀に輸入されたドイツ製品を石川島監獄署で模造した．輸入品430円に対し，国産品の価格は345円で，のち市原喞筒諸機械製作所などで生産され，各地の消防組で用いられた．

や井戸の湧水量より汲出し量の方が多かったためである。そこで、同時に水利の調査を進め、一七年度内に中心部三区の上水の樋枡二三二ヵ所を改修して「消防井戸」として甲号ポンプの運用に備えた。そして従来各組が甲号ポンプ一台と竜吐水一台を持っていたのを、甲号・乙号各一台と改めた。水利の良い場所に甲号を据え、乙号はその軽便さを生かして狭い路地にも進入し、通常の井戸や上水井戸を利用して放水しようというのである。小野田警視はこれを「是《これ》迄《まで》の慣習は腕力を以《もっ》て消防をなせしも、将来は専《もっぱ》ら器械を以て迅速に消火に力を尽す精神」と述べ、三月二五日の『東京日々新聞』は従来の消防方法である「鳶口等の具を以て火災を撲滅する（割注―竜吐水は消防夫の衣服を湿す為に用ひたり）乾滅法は実効少なきを以て、之《これ》を湿滅法に改め」ると解説した。消防方法の抜本的な改変が消防組を担い手としたまま試みられたのである。

この変化を技術的に可能にすべく、各分署では常備消防夫として勤務する消防夫にポンプの操法や水管の扱い方を「日々演習」させた。そして、器械を利用するから人員は減らせるとして消防組を従来の七一人編成の三九組から、五〇人編成の四〇組へと改めた。この五〇名のうち組頭、組頭副二名、小頭、小頭副二名計六名が幹部であり、他の四四名が一・二等消防手であった。指俣《さすまた》が従来の一本から二本になったため、破壊消防の器具も増えたが、甲号ポンプ一二名、乙号ポンプ六名の操作人員や纏持《まといもち》を除いた破壊作業に専念できる人員は総出でも二十数名で従来の半分程度、当番の半数が出場した場合には一、三名にしかすぎなくなり、水利さえあればポンプによる消防活動がおこなわれたと考えられる。

労働すれば相当の手当

第三は給与方法の変更で、「弊害を破り、労働すれば相当の手当を給」するものであった。弊害といわれているのは、前述したような給与がすべて幹部の手に渡ってしまう状態であり、警視庁は基本的な給与を据置き、各種の勤務手当てを増すことでこの改善を図った。当時、一般の鳶人足の日給は三〇銭程度であったが、二等消防手の月給は二五銭であった。これに対して、本署や分署の常備消防手としての勤務には一日三〇銭を与え、夜詰も一晩二〇銭に増した。さらに、新たに非番の日に消火活動に従事すれば一五銭を給することにした。単純計算すると夜詰は三、四日に一回で半年間に平均五二回、常備消防手としての勤務は年に一五回ほどであったから、二等消防手の年収は月給分が三円に対して、勤務の手当が一五円程度になったはずである。もちろん、合わせても巡査の給与の二ヵ月分程度で生活を支えるにはまったく足りないが、死亡者への家族扶助料が七年の三六円から七五円に引き上げられるなど傷痍《しょうい》手当の増額や、消防手で五年目一円、以後一年につき二〇銭増しの退職金の新設などと相まって、個人を単位とした待遇の改善はかなり進んだといえよう。

従来は鳶が頭取などを中心とする集団として消防の仕事をおこない、給与もまとめて受け取る一方で、仕事に恵まれなかったり、事故などの場合には集団の中でそれなりの手当てが受けられるしくみがあったものと思われる。これは当時の工場や鉱山で見られた親方請負制に対応している。これに対して警視庁は、集団ではなく、個人として、給与や賞与、あるいは死傷手当を給して、個人単位で消防組員を把握しようとした。この時期に組員の新規採用の条件がはじめて明文化されたのも同じ流れである。工場や鉱山ではこのような変化は二〇世紀に入るころに新たな機械や技術を導入して経営が直接労働者を指揮しようとするときにあらわれるが、これに先立ってポンプを用いた新たな消防方式の導入にともなって警視庁が同様な試みをおこなっていることは興味深い。

これらの「改正」は消防官による消防組の統制が深化したことを背景に、消防井戸という湿滅法消防の環境を整備し、また小型のポンプや分遣所制という環境にあった機械・手法を選定することではじめて可能になった。

蒸気ポンプの導入

府会は「消防法改正」を好意的に受けとめて審議したが、三月二七日の三次会にいたって一つの変更を加えた。蒸気ポンプの導入である。警視庁の原案では「馬引喞筒」を修理して本署の常備消防夫二〇名で運用するとしていた。これは、明治四年に輸入された四六人掛りポンプを活用しようというものであろう。これに対して議員沼間守一は蒸気ポンプを導入すれば常備消防夫二〇名を一〇名に削減できるので毎年一一二二円余の利益があるから、購入のため三五〇〇円支出しても回収できると論じた。この提案は全会一致で支持されてイギリスから三〇馬力、一分間放水量一六〇〇《リットル》のシャンドメーソン社製ポンプが輸入され、六月三〇日に配置された。蒸気ポンプの配備は明治四年の短期間の運用以来一三年ぶりのことである。

翌一八年四月の東京府会区部会でも、常置委員による審議で一台、さらに本会議で一台計二台の蒸気ポンプの購入が議決された。また二〇年には渋沢栄一ら本所・深川区の有志が醵金《きょきん》して蒸気ポンプ一台を購入して警視庁に寄付しており（『渋沢栄一伝記史料』）、この時期には東京府会議員や財界の有力者が蒸気ポンプ整備に熱心であった。

一方、警視庁で「消防法改正」にたずさわった小野田は二五年後に、蒸気ポンプの導入は欧州での経験を背景に自分を中心に警視庁が進め、府会を説得したと回想している（『警察協会雑誌』一一二）。議事録からは窺えないが、警視庁側にもある程度その意向があったのであろう。

常人足の利得

沼間守一《ぬまもりかず》は一八年一二月の府会で、消防組員の定員が満たされていないことを前提として、機械の導入にともなって組員数を削減することを要求した。これに対して、警視庁の小野田は個人的な見解としながら「実に東京には此《この》火中へ飛び込み義務の為に身を省《かえりみ》ずして働くこと欧州の義勇兵の如くなる者ありて、随分万事の為めになる事あり」と鳶の重要性を主張して反対した。これを受けて沼間は「番外（小野田）は消防夫は江戸っ子気象なり、義気あるなりと述べらるれど、彼等とても矢張《やはり》利に集まるの性質は免かれずして、常人足の利得ある故に従来の有様を存せんとするに外ならず。而《しか》して本員が茲《ここ》に減ぜんとするは、前にも述べたる如く大なる変革をなすにあらずして僅々十数名づつを廃せんとするにあり」として各組一名、計四〇名の削減を提案した。そしてこの案には賛成者が多く、結局全会一致で可決された（『読売新聞』一二月一〇日）。消防隊一件で、消防組の反発に懲《こ》りた警視庁が、その削減に慎重であるのに対し、五年前には消防組の立場に立ってその「義気」を称えた府会が、鳶の権益さえ守れれば人数は問題ではないという現実的立場に立っているのである。事情に通じた府会議員たちは無条件に消防組を支持したのではなく、現実的な効用を評価していたのであった。

一四年の消防隊の廃止時にも、府会区部会の常置委員会は、消防組の編成の復旧や夜詰の廃止という消防組廃止後の消防体制の大枠を立案し、これが一七年までの消防組のありかたの基本になっている。それ以来の数年間、東京府会は警視庁とならんで消防制度の成立に大きな役割を果たしていた。

府会議員は府内に本籍を持ち、年に五円以上の地租を納める成人男子による選挙で選ばれていたから、府会議員の多くは東京の従来の消防制度に深い理解をもっており、また一四年の消防隊廃止に見られるように東京に財産を持って火災を恐れる者の立場を反映していた。このため、消防予算を比較的好意的に審議しつつ、消防組や東京の現状に配慮した方針の立案・修正をおこなった。東京の消防費は官（国）費と地方税の双方からの支出であったため、府会で地方税の予算が審議されるという地方自治制度の創始の後も、消防隊の創設は国家による消防という警視庁の当初の方針通り、行政機関の決定によってなされた。しかし、それが挫折した後は府会での審議が実質化し、消防体制を受益者＝費用負担者が決定するという自治的な要素が強まったのである。この、府会の議論を主導したのは、区部会議長沼間守一であった。

沼間守一

沼間は、天保一四年（一八四三）江戸牛込に幕臣の子として生まれ、幕府海軍を経て慶応元年（一八六五）に幕府陸軍伝習所に入りフランス式歩兵隊の歩兵頭並に進んだ。戊辰《ぼしん》戦争に際しては主戦論をとり、江戸開城後も大鳥圭介らとともに脱走して、谷干城《たにたてき》や板垣退助が率いた土佐藩兵と交戦して実戦能力を示し、会津藩・鶴岡藩で洋式操練を教えた。降伏後は交戦の過程でその能力を高く評価した土佐藩に招かれて旧部下に兵学を教えさせ、みずからは英学を教えている。彼は安政六年（一八五九）に養父の長崎赴任に同行して長崎でイギリス人から英書を学び、またその後も横浜で米国人ヘボンとその夫人から英語を学んだ初期の英語学習者でもあった。

廃藩後は明治五年（一八七二）に大蔵省に勤め、司法省に転じて河野敏鎌《とがま》の欧州視察に同行する。この時、イギリス法と演説術を学んで帰り、帰国後、元老院議官として議事にあたる一方、演説・討論会のさきがけとなる法律講義会（後の嚶鳴社《おうめいしゃ》）を設立、一二年に政治活動を咎められて元老院大書記官を辞し、東京横浜毎日新聞社社長、翌年東京府会議員となる。一四年には開拓使官有物払下げを攻撃して国会開設を求め、一五年に立憲改進党に加わる都市民権運動の重要な担い手であった。

のち東京府会議長として帝国憲法発布式に列するが、惜しくも帝国議会の開設を待たずに二三年五月に四八歳で没する。帝国議会開設以前の東京府会議長は、在野政治家として最高の地位であった。

彼の欧州視察は、日本の民権運動・議会開設の流れの中で重要な意味を持ったが、これは、川路利良が警視庁の構想を得た欧州視察と同じ視察団の一員としてのものであった。沼間と川路は同じ欧州を、多分は感想を交換しながら旅した。陸海軍の技術に通じていた彼の目には、陸軍の一部で、警視庁がモデルとしたパリ消防隊や、川路が導入したそのポンプ、さらにはイギリスで普及過程にあった蒸気ポンプもとまったに違いない。一方で江戸の旧来の消防制度を熟知し、他方で欧州の消防や、軍隊を知っていた沼間は、単に民権派の領袖《りようしゆう》や議長としてだけでなく、警視庁の構想をそのモデルも含めて全面的に理解し、咀嚼《そしやく》したうえで、府会の議論を主導して近代的消防制度を築き上げる実力を持っていた。

しかも、沼間は元老院議官在職中に警視庁に招かれて講義をおこなっていたから、人脈的にも情報を得たり事前調整できる可能性が高かった。

警視庁による実践的な経験と欧州の制度をふまえた制度改革構想だけではなく、地域の現状や費用負担者の意向、またその両者を理解したうえでの警視庁への批判が交換可能な府会やその周辺という場があったゆえに、当時としては最善の消防制度にかなり急速に接近することができたのである。

階子乗と歌舞伎

三島通庸

前述のように、警視庁は当初は予算案に蒸気ポンプを組み込んでいなかったが、明治二〇年（一八八七）度予算からその方針を改め、二〇年度一台、二一年度二台（常置委員会の修正で一台に減少）、二二年度に二台を予算に組み込んだ。これにより二二年四月には八台の蒸気ポンプが揃った。

この警視庁の姿勢の変化は、直接には警視総監の交代のためと思われる。一二年に川路《かわじ》利良《としよし》が在職のまま死亡した後、大警視は大山巌《いわお》中将、樺山資紀《かばやますけのり》大佐と薩摩藩出身の陸軍武官の任用が続いた。樺山時代に警視庁の再置によって警視総監の名称となり一六年一二月にはじめて地方官からの転任者である大迫貞清《おおさこさだきよ》を迎えたが、幹部はこの間、川路時代とあまり変化がなかった（中原英典――一九七八）。しかし、一八年一二月二二日に内務省土木局長から転じた三島通庸《みしまみちつね》が警視総監に就任すると、幹部人事は一変した。消防本署長川畑種長は引き続き在任したが、欧州視察の経験をふまえて消防体制の整備に尽力してきた一等警視小野田元凞《もとひろ》は一九年一二月に警視庁書記局長兼第三局長から小笠原島司に転任させられた。蒸気ポンプが当初から組み込まれた二〇年度予算は、三島総監の下で作られたはじめての予算であった。

三島通庸は「道路県令」「土木県令」の別名を持つ。薩摩藩出身で、鶴岡・山形・福島・栃木各県の県令（のちの県知事）として、主に産業の発展を目的とした道路建設を住民を動員して進めた。福島県令時代に道路建設に反対した自由党系の県会議長河野広中と対決して福島事件を引き起こし、河野を政府転覆を図る国事犯として処分させたことは著名である。彼はまた洋風建築で当時としては壮大な県庁や学校などを建設し、道路や洋風の官庁街を洋画で描かせて、目に見えるかたちで「文明開化」を示すことを好んだ（芳賀徹『絵画の領分』朝日新聞社、一九八四年）。さらに彼は、山形県令時代に地域の織物業の改良を目指して、日本ではじめて力織機を輸入して県営工場に設置したり、道路建設のトンネル工事に削岩機を用いるなど、新奇な機械に対するこだわりも強かった。消防において当時最新の文明を象徴していた蒸気ポンプの予算を計上しないわけがない。

出初式階子乗り廃止

一竿頭上個の消火夫軽く手足を披《ひら》く、之れを大の字となし、両足を伸して身を斜めならしむる之れを吹き流しとなす。曰《いわ》く遠見、曰く何、見る者胆寒《ひやや》かなるを覚ゆると共に其の練熟を感ぜざるなきは是れ消防夫の得意なる階子乗《はしごのり》の技なり。(『東京横浜毎日新聞』明治一八年一月七日)

江戸時代の初出以来、階子乗は町火消出初式の精華であった。しかし、明治一九年（一八八六）、警視庁の消防出初式に一つの変化があらわれた。階子乗が廃止されたのである。この事情について一月一三日の『神戸又新日報《ゆうしんにっぽう》』は以下のように報じている。

東京にて今年一月四日の消防出初式《ひけし》に例の如く階子乗を挙行せしむべきやと属員より三島警視総監へ伺ひしに、総監曰く、「無用なり。想ふに、昔日江戸市中に四十八の組々ありて互にその雄を競ひ、その長を争ひたるが、其の極、斯《かか》る危険の技《ぎ》を創《はじ》めて、何組の誰は背亀《せがめ》をなしたり、何組の某は灰吹《はいふき》に立ちたり抔《など》、殆《ほとん》ど人間外の所業をなして各々此れを得意とせり。然《しか》れども、当時に在ては炎の柱を攀《よ》ぢ、火の枝を伝ふ等の消防法を行ひたれば、斯る技も亦《ま》た一概に無用とはせざりしなり。然るに、今は消防法一変して人力喞筒《そくとう》あり、蒸気喞筒あり、水力を用て火勢を殺《そ》ぐを専一とすれば、亦た斷る危技《きぎ》を要するに及ばず。況《いわん》や彼《か》の技をなすに少年骨軟らかに肉柔らかなる日より専心一意に学ばざればその妙に至る能《あた》はずと聞く。而《しか》してその間往々過ちて不具者となる者も有りと云ふ。是れ最も不便の事なり。仍《よっ》て以来は此の無益なる技を廃して消夫の為には専ら喞筒の使用法等に熟練せしむべし」と言はれしかば、遂に今年より階子乗は廃する事になりしとか聞く。

「なりしとか聞く」という伝聞体の報道であるが、『朝野新聞』も「階子乗りは甚だ危険にて毎年怪我人あるゆゑ本年は之を廃され」（一月五日）と報じているから、「危険」を理由に三島新総監が中止を命じたことは間違いないであろう。鳶たちは、怪我の危険を冒して技能や意気を示すことにこそ意義を感じていたに違いないが、「人民保護」を目的とする警察は、本人の意志にはかかわらず「保護」するのである。しかし階子乗中止のより本質的な狙いはこの年の出初式の次第が明瞭に示している。

明治一九年の出初式

一九年の出初式では、各消防組が参集した後、最初に三台の蒸気ポンプ、ついで各組の腕用ポンプ八〇台の操法を示し、最後に、蒸気ポンプを用いて高さ一〇間、九間三尺、八間三尺の三本の竹竿に付けられたゴム風船と一尺四方の板を打ち落とした（『朝野新聞』『東京横浜毎日新聞』一月五日）。

市原製２号型蒸気ポンプ（『風俗画報』第186号）

明治17～22年に東京に配備された蒸気ポンプはすべて輸入品であった．明治32年，２代目市原求の経営する市原喞筒諸機械製作所が警視庁の第二号蒸気喞筒（英国シャンドメーソン社製，24馬力）を改良を加えつつ模造し，札幌消防組に納入した．これが初の国産消防用蒸気ポンプであった．

　実は、蒸気ポンプで板を落とし、また糸を吹ききって風船を飛ばすことは、蒸気ポンプが初参加した前年の大迫警視総監の下の出初式でもおこなわれていた。しかし、それは従来の最大の見せ場である階子乗の演技の後であり、『東京横浜毎日新聞』はこれを「之れも亦た一段の見物」と位置づけていた。三島は階子乗を廃止することで、蒸気ポンプの威力を示す展示を出初式の最大の見せ場にしたのである。

　また、従来は各消防組は腕用ポンプを曳いて行進したものの、その操法演技はおこなわなかった。そして、この行進は、二〇年後の例（『大日本消防協会雑誌』三〇、一九〇五年）からの推測であるが、纏を振り、木遣《きやり》を歌いながらおこなわれたと考えられ、少なくとも観衆にとっては、伝統的な鳶の木遣行列であった。これに対して三島は、消防組に階子乗にかえてポンプ操法をおこなわせることで、乾滅法から湿滅法への消防法式の変化をも明瞭に示した。三島は、従来鳶たちの意気を示す場としての要素が強かった出初式を蒸気ポンプの機械力と消防組の多数の腕用ポンプによる新たな消防体制を示す場へと変えたのである。文明開化を目にみえるかたちで人々に示す彼の方針は総監就任のわずか十数日後に実現されていた。新式機械の威力を示すことにかなりの重点を置く現在の消防出初式の原形は、三島通庸によって作られたということもできよう。

当日は好天気で風もなく「見物人は未明より出て該場近傍は勿論《もちろん》、土手上とも立錐の地なき程にてありとぞ」と報じられたように、この状況は消防組員たちのほか多くの市民に目撃され、さらに口伝えやかなり詳細な新聞記事によってより多くの人々に印象づけられたことであろう。

三島は明治二一年一〇月二三日に幕末以来の同志である高崎五六《ごろく》東京府知事の手をとり、帝国議会開設の時を危ぶんで「二三年、二三年」と繰り返しながら病没するが（『国民之友』三―三三）、九月一九日の『朝野新聞』は「三島警視総監　同氏の病気は益々快方に赴きたれば、昨日は蒸気ポンプを以て室内を洗浄させ大掃除」したと報じている。ちょっと信じがたいが、当時の人々にとって三島と蒸気ポンプという組合せは納得しやすいものだったのであろう。

消防機関士附属

翌明治二〇年の出初式も一九年と同じかたちでおこなわれたが、三島総監にとって最後の出初式となった二一年の式では階子乗が復活した。しかし、これは三島の方針転換を示すものではなかった。

当時、蒸気ポンプは消防組を直接指揮・監督する分署ではなく、消防本署と各所に逐次設けられた本署直轄の派出所に配置された。各派出所には一、二名の消防官が機関士として勤務し、二名の機関士附属と称される傭員を指揮してポンプを保守・整備し、放水には消防組員があたった。しかし、三島総監の下で、消防組員では「其取扱方熟練せざるを以て進退度なく、為めに善良の器械あるも其効用をして完《まつた》からしむる能《あた》はざるのみならず、時に或は其機を失するの虞《おそれ》なきを保すべからず」として（「明治二十年度区部地方税支出予算参考書」）各派出所に一六名ずつの機関士附属が雇用され、二〇年四月一日から組員に代わって配置についた。

消防機関士附属は洋装で、喇叭《ラッパ》の合図で蒸気ポンプを進退・操作した（『警視庁史稿』）。当時、軍隊では喇叭が使われていたが、消防関係では一年間で廃止された一三年の消防隊に先例があるだけだった。喇叭による進退は、従来の消防組とは異なった軍隊式の隊の特徴であり、機関士附属はこの点で消防隊の流れを引き継いでいたのである。もっとも、洋式の制服を身につけた常備消防隊の嚆矢《こうし》は、やはり短期間で挫折したものの、前述の五年に東京府が設けた刑余者によるポンプ隊である。この時の決裁文書を見ると、当時の東京府参事三島通庸の印が鮮やかに押されており、洋装で洋式の新装備を活用する消防隊という構想は十数年前から三島の頭にあったことがわかる。

さて、消防機関士附属の増員により、二一年の出初式では蒸気ポンプが彼らによって運用された。従来の出初式では機関士附属は蒸気ポンプの本体を操作しているだけで、ホースを伸ばして筒先を握るのは消防組員であったから、階子乗を廃止しても、式の人的な主役が消防組員であることは変わりなかった。これに対して二一年には、消防の担い手が彼らと機関士附属との二本立てになったことが観客に一目瞭然となった。注水中心の消防体制の中で、威力の大きい蒸気ポンプを機関士附属が扱い、腕用ポンプを消防組員が扱うという展示では、消防組員の誇りを満たすことはできない。そこで、あえて消防組員の見せ場として階子乗が復活されたのであろう。この時から階子乗は、消防の実技への練熟を象徴するものから、鳶の伝統文化を表徴するものへと性格を変化させたと考えられる。

「近代的」消防体制

明治二二年（一八八九）には蒸気ポンプが八台になった。そこで、六つの消防分署がそれぞれ一つの蒸気ポンプを置く派出所を管轄するように改められた。これにより、各地域を担当する分署が、常勤職員からなる蒸気ポンプ隊と、腕用ポンプを主力とする消防組の双方を活用する体制となった。人員は、二三年三月三一日に機関士附属一四四名、消防組は一六四〇名であった。各組は四一名で、当番の半数出場ではポンプの運用にやっとの人員である。一七年の改編では一組に一五本とされた鳶口《とびぐち》も二三年に一挙に三本に減らされ、従来の破壊消防具から、現在まで続くような注水の補助のための破壊器具へと変化した。

これ以後明治の末年まで、蒸気ポンプの数と消防職員数に大きな変化はない。帝国憲法制定（二二年）による新たな国家体制の確立と時を同じくして、安定的な消防体制が成り立ったのである。これを東京における「近代的」消防体制と呼ぶことができよう。

その担い手は、主にイギリスから輸入された蒸気ポンプを操作する、新技術と新たな規律を持った専門家集団と、欧米の技術を参照して国内で製造された腕用ポンプと在来の器具を活用する、変容しつつも在来の技能や習慣を継承する集団の二者の組みあわせであった。これは、明治期の産業が、輸入機械を用い、新技術や新たな規律を必須として運営された鉄道業・紡績業等の移植産業と、国内で製造された機械や在来の道具を用い、伝統的な技術に改良を加えながら発達した製糸業・産地織物業等の在来産業とからなり、従業者数では後者が圧倒的であったことと軌を一にしている。「近代的」消防体制は、全体を指揮・監督する官僚機構も含めて、新たに移入されたものと、その影響下で変容しつつある伝統的なものの組み合わせで成り立っていた日本の「近代的」社会の縮図であった。

消防組員の募集難

消防組員の削減は、一面ではポンプによる消防への転換によるものであったが、募集難という事情もあった。組員数は一七年に従来の二七六九名から二〇〇〇名に削減されたが、一八年末にはこれでも欠員を生じていた。そこで二〇年には消防組員採用規則の東京府下在籍のものという条件を削除して地方出身者にまで採用の枠を広げた。

町火消の消防の唯一の担い手としての地位を確認した一四年五月の東京府会で、すでに町火消としての鳶人足の活動について、

今日は尚《なお》、徳川氏の余風を存し、我東京に特種の気風ありて俠《きよう》客《かく》者流の如き者が自ら好んで鳶人足となるが故に府民に取りて甚だ便利なれども、今日の勢にては此《この》気風も漸く消滅するの姿あり。追々之に従事する者はなきに至るべし。(小松崎茂助)

という発言がなされていた。なぜ、このような状況が生じたのであろうか。

すでに見てきたように消防組員の給与の水準は低く、それだけを動機に就職することがなかったためである。そして、それにもかかわらず江戸時代には給与水準の低さを補っていた各町や火消組の担当領域内での業務の独占権が公的に否定されていたから、これは制度の必然的な結果であった。逆に、そのような条件にもかかわらず、消防組の制度が維持できていたのはまさに、「徳川氏の余風」のためであった。それは一方では、消防組員の伝統に根差した意識であり、また一方で一八年の東京府会で沼間守一が指摘した「常人足

の利得」すなわち江戸時代以来の町における権益を程度の差はあるにせよ、鳶との間で維持しつづけた市民の意識である。

鳶と消防組

明治中期には「その頃杉井組と鹿島組とは業界に於ける二大勢力で杉井組の㋕と鹿島組の⌈カの印《しるし》半纏《ばんてん》は同業者間に異彩を放ち、之《これ》を着し得たる職人人夫は仲間に於て最上級の優秀者として羨望せられ、本人も得々として大道を闊歩したものである」（日本鉄道建設業協会『日本鉄道請負業史　明治篇』一九六七年）といわれるように、明治初年以来進展した鉄道建設により、杉井・鹿島両組を筆頭とする土木業者が発展し、関係の職人は技能の発揮の場とそれに見合った収入を求めて、これらの請負業者の下で働きたがった。土木工事に鳶は必須で、杉井組の経営者杉井定吉ももと江戸の鳶であったとも伝えられ、当時鉄道橋梁架設工事で最も定評があった小川勝五郎は幕府の作事方町内元締松本平四郎配下の鳶の小頭で、新橋〜横浜間の最初の鉄道工事に松本の下で従事して以来技能を磨き、各地の橋梁工事を請負った。彼らの下では当然多くの優れた技能を持った鳶が活動したはずである。このように東京の鳶が腕を発揮できる場が大幅に広がっていた。そして、職場が東京である限りはどのような業者の下で働いても消防組の仕事と両立しえたが、鉄道建設の現場は全国各地にわたっており、このような当時の花形の職場で就業することと、警視庁消防組の一員であることは両立しなかった。

一方で、消防が鳶の花形の仕事という気風は根強かったと考えられるが、消防の役割も警視庁消防組の独占ではなかった。警視本署の統計表は一三年発行のものから、従来の「鳶職」という職業分類を「消防人足」と改めている。警視庁も鳶なら消防組に加わっていなくとも消防夫であるととらえていたのである。実際に出入り先の各事業者ごとに鳶たちはある種の自衛消防隊を組織していた。明治一九年二月一四日の『朝野新聞』は前年に没した三菱の創業者岩崎弥太郎の墓前に「三菱消防出初式」の額が奉納されたことを報じており、民間事業所の鳶たちも出初式をおこなっていたことがわかる。また、三島が階子乗を止めさせた出初式の四日後におこなわれた大蔵省印刷局の守衛・消防夫による消防出初式では、ポンプ操練とともに階子乗が披露されていた（『朝野新聞』一月一〇日）。鳶の晴舞台である階子乗の場も警視庁の出初式に限られていなかったのである。

なお出初式は、江戸時代には町方より武家方の方で伝統が深かった。「三菱消防出初式」の額を献じたのは「岩崎弥太郎氏の恩顧を受け子分の中にも同社へ勤めしもの多ければ深く氏の遠逝《えんせい》を悼《いた》」んだ「相政」の遺志を継いだ子の「相道」であったが、この「相政」は幕末の侠界で新門辰五郎と並び称せられた日本橋箔屋町の人入れ稼業の元締、相模屋政五郎である。彼は明治一〇年前後は三菱の河岸揚げの元締として名声が高く、勇肌《いさみはだ》の子分が多かったという（『江戸生活研究　彗星』一―九）。彼は土佐の山内容堂《やまのうちようどう》の知遇を受けており（『戊辰物語』）、土佐藩の海運事業を引き継いだ三菱との縁はそのためであろう。相模屋をはじめとする人宿《ひとやど》（＝口入れ屋）は江戸時代に定火消《じょうびけし》の人足（役場中間《やくばちゅうげん》、臥煙《がえん》）や大名屋敷の鳶を供給していたから、武家方火消の伝統を継いでいるということもできる。優れた鳶はこのようなルートを通じて新興産業に活躍の場を得ることもでき、町火消にこだわる必要はなかった。

宮殿御造営

明治三五年に七五歳で没した旧「ろ組」の松五郎は、皇居宮殿の造営に従事したことを、またとない大きな仕事であったと誇っており、彼の家には震災まで当時の「三重櫓の蛸胴搗《たこどうつ》き」の写真が額に入れて飾ってあったというが（酒井邦恭―一九八〇）、同じような額が震災まで紺屋町の鳶頭塩崎栄助宅にも掛っていたことが伝えられている（『清水組諸職人差出帳』）。これは地盤を搗《つ》き固める地形《ちぎょう》工事の大規模なものであるが、皇居での作業は消防組の町火消たちの誇りとして長く伝えられたことがわかる。

明治六年に焼失した皇居は、赤坂に仮移転していたが、二二年の憲法発布を新宮殿でおこなうべく、一七年ころから建設が本格化していた。消防組の鳶たちによる地形工事もこのなかでおこなわれ、さらに同年一二月には、御造営場での防火のため宮松三之助以下五名の消防組頭に命じて毎夜、取締二名と「壮健にして非常防禦方に熟練したる」人足一八名を夜詰させる警火人夫が置かれた。人足の給与は一夜一〇銭と警視庁の夜詰めの半額であるが、名誉ある仕事のため、この額で引き受けたものであろう（皇城篇、五）。

彼らは、経済的な面で相対的地位を低下させ、また警視庁によって統制を加えられながらも、皇室と結びつく社会的地位を得つつあった。町火消がはじめて正面から歌舞伎の舞台で扱われたのはこのような時期であった。

歌舞伎と町火消

江戸時代以来、江戸の芸能の中心をなした歌舞伎と、町人の花形であった町火消の縁は深かった。前述のように紛争を避けるために集団としての町火消そのものを扱うことは避けられたが、歌舞伎の多くの演目に「鳶の者」が登場した。万延・文久年間（一八六〇～六四）の演目を見ても、田村成義『続続歌舞伎年代記 乾』（市村座、一九二二年）の配役の記載で確認できた範囲で、万延元年七月市村座の「八幡祭小望月賑《はちまんまつりよみやのにぎわい》」、文久元年六月守田座「操歌舞伎《あやつりかぶき》（妓）扇《おうぎ》」、七月市村座「東駅《とうかいどう》いろは日記」、二年正月市村座「春角力扇伊達紐《はるずもううちわのだてひも》（恋取組団《こいむすぶうちわの》伊達紐）」、三年二月市村座

「三題咄《さんだいばなし》高座《こうざの》新作《しんさく》」に登場している。また万延・文久年間に九代目団十郎を贔屓《ひいき》にして自分と差し向いの錦絵（画落合芳幾、賛句は仮名垣魯文）を作らせて配るなどして「団十郎婆々」として知られたお由は町火消百組の頭《かしら》秀吉の妻であった（同前）。このような関係は明治に入ってもつづき、二六年にも消防組のうち「安政度の人物、所謂《いわゆる》火消し肌の者」は「宵越しの銭は持たぬ的の江戸ッ児連なれば困難《くる》しき中より芝居や寄席の引幕を贈るといふ風儀」であった（『朝野新聞』一月一日）。

ここで芝居と並んで挙げられる寄席では、安政初年（一八五四）にゑ組の頭取三之助が麻布十番馬場町の寄席を建て（『藤岡屋日記』慶応二年三月二一日）、第一分署九番組頭宮松三之助は父の「に組」の常吉の代から茅場町薬師地内で寄席を営業していた（『風俗画報』一八六）といった例が知られ、鳶の親方衆自身が経営者でもあった。「も組」の頭には霊岸島で芸妓置屋をやっている者がいた（篠田鉱造『明治百話（上）』岩波文庫、一九九六年）から、鳶には本職と同時にさまざまな芸能関係の営業を兼ねる者がいたのである。

神明恵和合取組

歌舞伎の演目で町火消を正面から取り上げ、現在にいたるまで著名なのは「め組」と相撲力士たちの喧嘩《けんか》を扱った「神明恵《かみのめぐみ》和合《わごうの》取組《とりくみ》」である。これは明治二三年三月、新富座で初演された。前述のように、素材となった文化二年（一八〇五）の喧嘩のことは、従来、舞台や人名を変えて上演されていた。その事情について渥美清太郎氏は「鳶と角力《すもう》、どっちも芝居にとっては厄介な世界です。鳶は威勢をたのんで始終芝居町で暴れるし、角力は櫓の関係で木戸御免ですから年中無銭で入場します。両方とも一つ間違ったら芝居へ暴れこもうという連中ですから、うっかり脚色はできません」と論じ、「神明恵和合取組」でも喧嘩の勝敗がないのはそのためであるとしている（『演劇界』一九五二年四）。町火消のあり方が変わったことを前提としてはじめて、め組の喧嘩が歌舞伎の舞台に上ったといえるであろう。

初演時、「宇田川町の辰五郎の内の場にて用ゆる小道具はすべて本物にて、地形《ちぎょう》の道具、筵《むしろ》、もっこう等は今猶《いまなお》現存し居《お》る露月町の頭《かしら》卯之助老人より借り受けたるものの由、猶裏口の障子に記すめ組の印は余程むづかしき書方のものにて、是又《これまた》同老人に依頼したりと」といわれ、また卯之助は演技についても指導したという（『続続歌舞伎年代記 乾』）。「今にチョン髷《まげ》を結ひ居る名代の老人」とされる「卯之助」は元め組頭取、当時六〇歳の第二大区一番組頭吉野卯之吉に相違ない。『風俗画報』一八六号六二頁によれば、こう書いて読みは「うのすけ」である。

彼の率いる旧め組一同は二三年三月一七日、新富座に見物にあらわれた。一同、揃いのというから、芝居が始まると消防組の半纏に着替えたという「め組」の半纏を着て人力車で乗りつけ、すべて現職の消防組員であったのだろう。一同から役者へ火事場弁当を模した弁当一〇〇本を差し入れ、これは舞台に上げられた。それに付した幟・提灯まで本物であったというから、伝統を重んじ、め組の半纏・器具を大事に保存してきたのである。一八日には角力一同の見物もあり、彼らの見物自体が興行の一部と化していた（『歌舞伎新報』一一〇九）。興行の大成功はいうまでもないが、町火消が、もはや歌舞伎に殴り込むことのない過去の風物となったことも示されている。

この時の辰五郎は五代目菊五郎であるが、羽左衛門が演じた辰五郎を見た某寺の「深窓に育った素敵に温厚」な娘が、「私はお嫁に行くなら仕事師でなくてはいやでございます」といい出し、親の勧めにも耳を貸さずに「ろくでもない鳶の者」と一緒になり、「手鍋下げてもいとやせぬ」と楽しげに貧乏所帯をはっていた例があるという（『江戸時代生活研究彗星』二一―一）。羽左衛門は一五代、はじめて辰五郎を演じたのは明治三四年（一九〇一）だから（国立劇場芸能調査室『国立劇場上演資料集六〇　神明恵和合取組』一九七一年）、これは二〇世紀の話である。歌舞伎を通じて、鳶の花形性が強化された面がうかがえる。

近代水道と消防組

水道の開通と帝大卒官僚

火災規模の縮小と限界

明治一四年（一八八二）の連続的な大火の後、焼失一〇〇〇戸を超える大火は、一八年三月一三日の日本橋区坂本町出火の一二二〇戸、二〇年一二月一九日同蛎殻《かきがら》町出火の一六九〇戸、二三年二月二七日浅草区三軒町出火の一四六九戸、二五年四月一〇日神田区猿楽町出火の四六二〇戸と続き、また二四年一月には帝国議事堂、二六年九月には築地本願寺が焼失した。

日清戦争前は二、三年に一回は大火が生じたのである。しかし、明治元年から一四年までに一四回、平均年一回生じていた大火が一五〜二五年には一一年間に四回でほぼ半減し、一四年までの一四回のうち七回が四〇〇〇戸以上に燃え広がったのに対し、この間に四〇〇〇戸を超えたのは一回限りである。藤森照信氏が指摘するように、一四年二月に府が都心部の防火路線沿い建物の耐火建築への改築と屋根の不燃化を命じ、既存家屋にも取壊しや改造を強制したことと（藤森照信『明治の東京計画』）、ポンプによる消防体制により大火が減少したことは間違いない。

明治二五年の神田の大火では、当時の全ポンプが出場して一〇時間にわたる防御をおこなった。この夜には芝区三田二丁目からも出火したが、ポンプも消防組も神田に集結していたため、近隣の慶応義塾の生徒たちが備付けのポンプを持出し、校舎前の池水を利用して消火にあたった（『朝野新聞』二五年四月一二日）。大火への対応、また複数火災への対応には蒸気ポンプのみでは限界があり、消防組や自衛消防隊の活動を待たねばならなかった。大火が鎮まった四月一二日の昼には風下の家々はもちろん戸を閉ざして業務を休み、各演劇場も門を閉ざして粛々とした雰囲気の中で「唯《た》だ消防夫等の鎮火後酒に酔ひて笑言唖々《ああ》するを聞きたるも凄《すさま》じ」と報じられた（同前）。何とか消し止めた消防組員は達成感に浸っている。

二五年四月一二日の『朝野新聞』の社説「火災頻りに至る」は大火の背景は木造家屋が多いためだが、消防の限界は水利の不便によるものだから改良水道の整備が急務であると論じた。近代的な水道の敷設は、二三年の市会で可決されたが、主に将来の費用負担をきらう人々が耐久性や地震の際の信頼性、また材料の輸入による国際収支悪化などを問題にして二四年一一月ころから反対運動を展開し、一万八二四九名が市会に中止を建議した（東京都水道局『淀橋浄水場史』一九七六年）。しかし、二五年の大火後はこのような動きは沈静化する。

消防組と消防機関士附属

明治二六年元旦の『朝野新聞』は「此の社会には今も尚《なお》江戸の名余《なご》りの火消し気質《かたぎ》、即ち一種特得《どくとく》の義侠心存じ、スハ火事と見るときは妻子を忘れ、身を忘れ、火掛りに力を尽し、皮膚を爛《ただら》かし毛髪を焦して且つ辞せず、寔《まこと》に一美風なり。然《しか》るに近来文化の風此の社会に浸染し、新入りの消防夫は多少文字を有するを以て安政度の人物、所謂《いわゆる》火消肌の者と意気相投合せず」と「成るたけムダ銭を遣はず倹素に世を暮らさんとする」新たなタイプの消防夫の登場を報じた。しかし、その三日後には出初式の帰路、第二方面の五番組と六番組が管轄の第二分署の門前で乱闘して、まだ喧嘩と無縁ではないそのありようを示した。この時、第二方面一番組頭吉野卯之吉は現場にいなかったが、彼がいれば「鶴の一声で治りしならんと各組の頭取等は勿論、其《その》筋の人々申合へり」と報じられ（『朝野新聞』一月六日）、彼らを抑えられるのは彼らの中の親分以外にはいないと警察関係者ですら信じているという伝統的な観念も、少なくとも新聞記者や読者に受け入れられやすいものであったことがわかる。

消防組の実力に依存せざるをえない当時の消防のありかたは、消防機関士附属（二五年五月に消防機関手と改称）の人選にも影響した。二三年に消防官（消防機関士）になった土田団之助の回想（『大日本消防』三―五～一二、一九二九年）によると、蒸気ポンプ隊と消防組がともに活動すると「蓋《けだ》し肉弾的には組員の活躍凄まじかりしも、最後の勝利は常に優勢なる器械力に制せらるるを以て、自然の競争心理より、其処《そこ》に感情の破裂を来たし、或は消口（組員は消止めたる場所に消口札を掲げしむる規程あり）の争奪に遂に意外の活劇を演じ」たという。

もちろん彼自身が蒸気ポンプを整備し、指揮する立場だったから、それへの評価が高めなのは否めないが、江戸時代に武家火消と町火消の間で、あるいは町火消の組同士の間で繰り広げられた消口争いが両者の間に生じたことは間違いない。これに対して警視庁が採った当面の対応は、消防機関士附属の筒先専掌を「組員より推薦せしめて採用し、大いにその間の融和を図《はか》」ることであった。これにより、蒸気ポンプの放水の筒先（管鎗）を握るのは消防組出身の鳶になった。消防組と無縁のものとして創設された消防機関士附属も、消防活動のうえで消防組が重要な役割を果たす状況の中では、これと無縁ではありえなかった。消防機関士附属は現在の東京消防庁の消防士に直接に連続するから、この点で町火消と現代の東京消防庁とは連続性があることになる。

水道完成と警視庁の統制

明治三二年（一八九九）の近代水道の完成は消防のありかたを大きく変えた。この後、四四年にいたるまで一〇〇〇戸を超える大火は一度も発生しなかった。早くも三三年に、全国警部長会議で警察監獄学校教師のドイツ人フォン・コイデルが、在日五ヵ月の感想として「東京の消防は予輩の感歎に堪へさる所」と述べている（『警察研究資料』）。三八年には「二百余里の水道鉄管を敷設し、さうして五千の防火栓を設けられたのであるから市内何処《どこ》でもソレ火事だと云へばソレ水だといふ風に直ぐに消すことが出来る。火事場から少し距《はな》れた処の消防組などは纏《まとい》を舁《かつ》ぎ出す中《うち》には大概の火事は鎮火して仕舞ふ、で大火事といふものが近来全く其跡を絶つた」（『大日本消防協会会誌』二六）といわれた。

これは、水道の開通により、蒸気ポンプが水利に困らなくなり、また新たに各分署に駈《きゅう》送《そう》馬車（後に水管馬車と改称）が配置されて、常備当番の消防組員一〇名がこれで駆けつけ、水道消火栓に水管（ホース）を直結して放水するという即応体制がとられたためである。消防組も腕用ポンプに代わって、水道消火栓に直結した水管による放水をおこなうようになり水管車（絡車《らくしゃ》）を曳《ひ》いて出場した。

明治三一年に万世橋派出所に勤務した土田団之助は、ここに勤務する消防機関手の中に「神田ツ児の気概を伝統せる一団を交へ居たれば、肉弾的の活躍には、凄まじき迄の手腕を現はしたれど、規律の遵守《じゅんしゅ》は殆《ほと》むど顧る処なく、従《したがっ》て綱紀の維持に大なる困難を感じたり。余は其点に付て内命を受けしを以《もっ》て古閑署長の諒解の下に、赴任匆々《そうそう》廓清の鉈《なた》を揮《ふる》ひしに、脅威の妖気身に迫ることなきにあらざりしも、幸ひに半歳を出でずして全く浄化の効を奏するを得たり」と回想している。彼の受けた「内命」は管轄の分署長の諒解を得て実施されているから、それより上、消防署長か警視庁の本庁から出ていると考えられる。改良水道の活用開始を目前にして、消防機関士附属の統制が図られたのである。「神田ツ児の気概を伝統」したのは前述のように消防組との対立回避のため消防組から採用された人々に違いなく、警視庁は近代水道による消防体制改編を目前に、彼らにその地位を去るか、統制に服して行動様式を改めるかを迫ったのである。かつて争いをもたらした消口札も三六年に廃止される。

そして三六年の東京府会では議員松尾清次郎が、「警視庁に旧式の消防夫なるものありて纏を持ち長梯子《ながばしご》を昇《かつ》ぎて走り廻る、之《これ》は頗《すこぶ》る野蛮的のものにして、新年になれば彼の梯子乗など演じて甚だ見悪し、警視庁は何故之を廃せざるや」と質問するにいたった。これに対して警視庁は廃止は希望するが経費も安いので経済上当分存置してあると応え、神田の斎藤孝治は「今日江戸つ子の名残を存ずるものは此《この》消防夫のみ此の如き安くて便利なるものは将来長く東京に保存し置くべし」と論じ「流石《さすが》は神田の代表者なり」と話題になった（『大日本消防協会雑誌』六）が、蒸気ポンプや水道によって小人数で火災が消し止められ、大火自体がなくなったなかで消防組の花形性の低下はいなめなかった。

消防署長松井茂

近代水道開通を迎えた消防署長は松井茂であった。彼は明治三一年一一月から三五年四月までと三八年に一一ヵ月ほどこの地位にあり、警視庁の消防部門の長として元抜刀隊長川畑種長につぐ長期の在任となったが、その後も昭和二〇年に七八歳で没するまで消防とかかわりつづける。

松井は慶応二年（一八六六）に広島の医師の子として生まれ、明治二六年に帝国大学法科大学（現在の東京大学法学部）を卒業し、その後警視庁と大学院の双方に籍を置いて警察法を研究し、二八年に四谷警察署長となった。従来から内務省は帝国大学出身者の目指す職場で、内務官僚となって警保局に勤務し、あるいは地方の警部長（府県の警察の最高

松井　茂

川畑種長

吉野卯之吉

宮松三之助

明治期の消防幹部（『風俗画報』第186号）

責任者）となった者は数多いが、最初から警察を研究し、警視庁に入って警察署長になったのは彼がはじめてであった。近代的官僚養成機関である帝大法科がこの分野まで人材を供給しはじめたという点で、松井の警視庁入りは新時代の到来を告げていた。

松井は当初から消防に関心があり、四谷署長時代にも管内の第三分署四番組組頭高橋善太郎と意気投合したといい、香川県警部長・内務省警保局警務部長を経て三二歳で警視庁第二部長兼消防署長となると、消防組関係者と積極的に接触を持った（『松井茂自伝』同刊行会、一九五二年）。松井によれば当時広く各組から敬愛されていた宮松三之助は、組員の綱紀の粛正に務め、また三八年八月に第二分署五番組組頭となった金牧清太郎は「組員の志気弛緩し、風紀大に紊《みだ》れたるを憂慮、敢然之が刷新に志し、自ら廉潔謹厳、範を部下に示すと共に組員の監督峻厳を極め当時鬼組頭の称ありたる程にして、為に組員の風紀大いに改り、延て市部消防組全般の紀律振張に貢献せる処甚大」と記録されている（昭和七年の叙勲申請、総理府賞勲局―一九八三）。

松井は後に「消防夫は身体を動かすことが敏活であると同時に、手先足先の働きが敏活で巧妙でなくてはならぬ、随《したがい》て梯子乗りなどは甚だ有効の練習方法であらうと思ふ」（『警察協会雑誌』一五六）と述べるなど、伝統的な消防組の文化の意味を近代の文脈で捉え直し、肯定的に評価する姿勢を見せていた。物心ついたときには明治時代であった彼は、江戸を否定して近代に走った従来の警視庁の路線と異なる見方をした。それが、はるかに年長な組頭と意気投合することを可能にし、彼らが組員の引締めによって新時代への対応を図ることを促進したのであろう。

全国消防組の模範

明治二七年（一八九四）二月九日、勅令第一五号消防組規則が制定された。これは、府県知事が消防組を設置する場合の準拠法規であった。

勅令消防組

消防が警察行政の一環であることは、東京では川路利良《かわじとしよし》の主張が受け入れられるかたちで、明治六年末から制度的に明示されていた。しかし、それ以外の地方では規定がなく、消防組は市町村の条例に依拠して、あるいはまったく私的に設けられていた。内務省は、これら従来の消防組をすべて廃止し、府県知事の警察権にもとづく官設の機関として消防組を設置することを命じた。これにより、基本的に市町村を単位としてその費用負担によりながら、府県の警察部が任免する人員からなり、警察署長が指揮監督する官設消防組が各地に設置された。消防組公設化の目的について、同年三月一五日の内務省警保局長の通牒は、警察権という理念上の問題のほか「平素たると水火災の際たるとを問はず粗暴の行動なからしめんが為め之《こ》れが戒飭《かいちょく》を懈《おこた》るべからず。且《か》つ消防組の職たるや水火災の警戒防禦を為すに過ぎず、其威を藉《か》りて余事に運動し、会合、屯集、非行を逞《たくまし》ふするは消防組の職務と相容れず」と、実力を消防以外に用いることを警察の監督によって阻止することを挙げている。

この時期に勅令が公布されたのは、一つには各地消防組の政治的な活動を阻止するためである。これに先立つ一月二七日、来たる三月一日に第三回総選挙を実施する旨が告示されていた。前回の第二回総選挙では、政府による選挙干渉が激しく、各地で死者二五名、負傷者三三八名を生じた。この時、巡査が政府側候補者を推して武力を行使した佐賀県の小城町では民党系の住民が自衛のため「火の番」を設け、その一名が巡査に斬殺され、また石川県では「消防夫の頭」が政府側について県会議員に暴力を振ったことが、第三帝国議会衆議院本会議の政府問責上奏案の審議過程で紹介されている。また滋賀県坂田郡大原村では、二人の候補者双方が消防夫を繰り出して衝突しそうになり、抜剣した巡査がようやく阻止している（『朝野新聞』二月一七日）。政府は選挙干渉の行過ぎを反省して姿勢を改めると同時に、混乱を増幅した消防組の統制をはかったのである。

しかし、駐在所制度など日本の警察制度の多くに強い影響を与えた御雇《おやと》い外国人であるプロシャのウィルヘルム・ヘーン警察大尉は早くも明治一九年に各地での消防組織・器具の整備の必要とそのための規則制定の必要を指摘し、二〇年にはさらに具体的に、中央政府が府県に準拠させる標準規則を作るべきだと論じている（『警察研究資料』）。時の内務省警保局長が消防と縁浅からぬ小野田元凞であったことからして、警察の消防関係者にしてみれば、積年の課題を政府首脳を選挙の件で説得できる好機を捉えて実現したともいえよう。

東京での影響

この勅令はすでに公設消防組がある東京市へは、区域外への応援を定めた第七条以外は適用されなかった。ただ、かつて東京の区域設定にあたって郡部に取り残された旧町火消には、この勅令に準拠した五月五日の警視庁令第二六号「消防組規則施行細則」による郡部の公設消防組設置が影響を与えた。

巣鴨町は旧「ね組」の範囲で、巣鴨の町頭長吉郎は頭取を勤めたこともあった。明治に入って巣鴨が郡部になると長吉郎の孫内田権次郎は旧「ね組」を継承した第三大区三番組に入り、その子政次郎も二五年に警視庁消防組員になっていた。しかし、二七年に巣鴨消防組が設置されると政次郎は警視庁消防組を辞し、その小頭となり大正三年から一三年まで組頭、その後町長の組頭就任により副組頭兼第一部長となって長くこの組を主導した。また目黒町の旧「て組三番」は、二七年に公設消防組となったが、警視庁消防組の第二分署三番組に加入していた地元の川口半蔵はこの時階子持《はしごもち》として参加している。警視庁としては郡部消防組の公設化に際して、郡部在住の消防組員の郡部消防組への転入を勧奨したものであろう。これは警察の側が、少なくとも東京では、選挙時に騒がせないためばかりではなく、熟練者の指導による実質的な消防力の強化・形成を意図していたことを物語っている。

このほか「こ組」の流れをくむ渋谷町消防組、「ふ組」五番の流れをくむ千駄ヶ谷町消防組などが公設された（佐々木健三郎『東京府消防歴史 附名鑑』日本史蹟編纂会、一九二九年）。

模範としての東京市部消防組

各地に公設消防組が誕生すると、東京の消防組はその模範としての役割を要請されるようになる。もちろん、明治期に消防といえば誰もが思い浮かべるのは歌舞伎・浮世絵・錦絵等でよく知られた江戸・東京の火消であったから、これ以前の私設あるいは市町村の自治的な消防組も、竜吐水《りゅうどすい》・腕用ポンプ・指俣《さすまた》といった器具から、纏《まとい》・半纏《はんてん》にいたるまで、江戸・東京の火消をまねたものが多かった。また、警保局長が警戒した「粗暴の行動」も、少なくとも主観的には江戸・東京の火消の行動様式をまねたものが多かったと考えられる。このような地方消防組の江戸・東京火消崇拝の観念を利用しつつ、いかに望ましい消防組像を提示するかが、一つの課題とならざるを得なかった。

全国の公設消防組の連絡を目指して明治三六年（一九〇三）に設立された大日本消防協会に創立当初から積極的にかかわっていた能登羽咋《はくい》消防組小頭園部栄蔵は、東京に転居した後、協会の機関誌に投稿して、東京の消防が優れているのは水道の問題もあるが、消防組員の態度が東京と地方で大きく異なるからだと論じた。

地方消防組と府下消防員とは異なる点がある。それは外の事でない。府下消防員は何《い》時如何《ついか》なる非常即ち火災が眼前へふりて湧ひても自雀として騒ず、徐《おもむろ》に事に従ふ事である。昔より云ひ伝ふ江戸ツ子は向ふ見ずだと。されど此の点に於てはなかなか向ふ見ず所《どころ》か沈着なものじや。夫《そ》れは火事は江戸の花（今は東京の花かも知らぬ）と云から場数なれたのかも知らぬ、されど非常の時にはそう落ち着ひて居られるもので無ひ。つまり沈着なんだらふ、夫にいよいよ事に従ふに当りては亦た驚かざるを得ずだ。前の沈着に引き替へ其胆の大なる事と云つたら命も何もありたものでは無ひ、斃れて止むと云ふの外、頭脳にないのであらふ、其時こそは真に江戸ツ子の江戸ツ子たる価値が見える（『大日本消防協会雑誌』三）。

しかし、ここで東京が模範とされたのは、あくまでも時にあたって沈着、行動にあたって大胆という精神面であって、消防の技能そのものではなかった。当時近代水道がある町は少なく、水道管直結放水をおこなう東京の消防組の技術はあまり参考にならなかった。

このころ吉野卯之吉は、「屋根に登つたところで今の消防手の多くは垂木《たるき》の無い所を踏んで、足を屋根下に突き通して負傷する位の事だが、昔の消防夫になると最早《もはや》家の構造まで心得て居るから、そんな踏み違へるなどと云ふ様な事は決してなかつた」（『警察協会雑誌』一五六）となげいていたという。現場に即して練り上げられた技能は、乾滅法による消火活動という現場が失われると継承し難かった。また、湿滅法を推進した内務（警察）官僚が、いまさら乾滅法の普及をはかるわけもなかった。しかし、四三年の青森大火の後、破壊消防を体験した知事が内務省で「古い茅葺《こけらぶき》では飛口《とびぐち》などでは、ヅボリ〳〵と穴の明くだけで、余り役に立たぬ」と述べている（『斯民』五―四）のなど、鳶口を預け、手鍵だけを持って屋根に上った江戸町火消が聞いたら、苦笑を禁じ得なかったであろう。

纏の精神

松井茂ら内務官僚の後援を受けて大日本消防協会の組織にあたった中島晋治は、日露戦争後の三九年に消防夫について、

火焔と闘ふ場合に於ては、満身唯《た》だ是《こ》れ意気で、生死の問題も起らねば、また利害の観念も浮ばない、只《ただ》己れが職分を完全に果たして、「纏《まとい》」の名誉を汚すまいと奮ひ起こす勇気は、君国あるを知つて自己あるを忘れ、連隊旗の手前へ、未練の振舞を作《な》さじと競ふ軍人の意気と一様、場合こそ異なれ、事実は同じ日本魂《やまとだましい》の発揮したもので、此の尊むべき意気は、常に斯《か》かる間に於て彼等に養成されて居るのでありまして、事なき平生といへども、彼等の身体に充実して居る男らしき元気は、仕事師といふ一種の性格を形《かたちづく》つて、其の苟《いやしく》もせざる行動は、自ら世の推重するところとなり、火事が江戸の花とまで称へられた一方に、男中の男と持《も》て囃《はや》された美《うる》はしき気風が広く伝はつて、全国到る処、消防組といふ活気ある一社会を作して今日に至つた。（『大日本消防協会雑誌』三五）

と、全国の消防組社会を江戸・東京の火消の気風の波及としてとらえたうえで、その気風を軍人の意識にたとえた。このような表現は以後も内務省関係者によって繰り返される。纏を軍旗にたとえる表現は、これより先、明治三四年の万国消防博覧会への出展にあた

って松井が書いた説明にも見られた。軍旗は欧州のものであり、かの地の人々に説明するには適切なものであったろう。これが国内的にも使われるようになったのは日露戦争以後であり、空前の大戦争により軍隊や軍旗というものが人々になじみ深いものになったためである。しかし、同時に戦争が多くの人的損害とともに、さらにいえばそれ故に、多くの英雄を生み出し、火消ではなく軍人が男の花形となりつつあることも意味していた。

「公共的」職務

明治四〇年二月三日の『平民新聞』は「鳶頭の憤慨談」と題して、「意地と義侠《だて》にて鍛練《きたえ》上げたる江戸の名物男」たる消防組員が、明治一七年に定められた些少《さしょう》の手当てしか貰えぬうえに「昔なら町内持ちとか縄張とか云つて収入《みいり》もあつたが、今ぢやそん事も出来ないので、我々は立つ瀬がありませんや」とこぼしたと報じた。実際にこのような鳶頭がいたかどうかはともかく、江戸時代以来の鳶の町における権益は基本的には崩れている、と認識されていたのである。

このような状況は、当局者間でも問題となっていた。明治三九年七月の『大日本消防協会雑誌』三六号は、「消防夫保護問題昨今一部人士の間に唱道せらるるに至りしが、当局者の意見にては彼等を保護するは一種の特種的確実なる事業を与ふるを最も適当とし、例へば道路の修繕、下水の掃除等を彼等の一手に受負はしむれば好都合なりと云ふにありとぞ。右は二三東京新聞紙の報ずる所なるが吾人は早晩其の実行を或る形ちの上に見ること を確信するもの也」と論じている。しかし、消防官と一般の寄付により消防組員の死傷等に弔慰金を出す消防義会が設立されたにとどまり、大日本消防協会も四一年には活動を停止してしまった。

当時の東京の消防組員は、町といかなるかかわりあいを持っていたのだろうか。三八年一〇月の同誌二七号巻頭の論文「消防手の職業は公共的なり」は「市町村」と一般的な表現を使いながら、主に東京市における消防組員の日常的な町とのかかわりを論じている。

これによれば、町とかかわる消防手の仕事の第一は衛生規則にもとづいて春秋二回おこなわれる下水・溝渠《こうきょ》の掃除で、これは人のやりたがらない不潔な場所での作業であり、彼らは「公共的義務を任俠的に帯び」ているという。第二が年始の松飾りや神社の祭礼に際しての装飾で、第三は町内各家での吉凶禍福に際しての警備である。これは乞食や浮浪人に対するもので、彼等は習慣上消防手に服従するのを恥じないので町内の治安維持に効果的であるという。第四には軍人の入営を送り、また凱旋を迎えるなど「市町村を代表する団体の活動する場合」に「其の団体を表識する名旗を手にする」という役割がある。

論者はこれらの仕事と、消防手の家が巡査の家と同様に入口に「い組の誰とか鳶の某」

とかいった表札をかかげ「町村人民の為めに保護者の居る所を知ら」せていることとを合わせ、その業務が常に公共的なものであるとする。そして、「旧幕時代から明治の初年頃までは市町村に於ても随分消防組を歓待したやうでありますが、現今の有様は如何《いかが》であろう、寧《むし》ろ厄介視しては居らぬかと疑はれるのである。なるほど消防組の紀律は一時随分紊《びん》乱《らん》したではあろう、けれども今日の如く市町村が消防組を遇する、否《いな》寧《むし》ろ待遇と云ふものは零である、では相済まぬ訳柄かと思ふ」と、町々での鳶の待遇改善を求める。

仕事と「悪弊」

ここで挙げられた下水掃除について、昭和一〇年（一九三五）に、明治九年生まれの鳶関口亀次郎は「昔わ町内の鳶が井戸替や下水掃除を致した物です。此仕事が実に儲る事です。毎年七月井戸、下水わ年二回で勘定の掛りよく、三つ割二分わ儲です。仕事師の事をどぶさらいと申したのであります。只今わ丸でありません。町内の頭わ気の毒です」と回顧している（清水建設広報室『清水組諸職人差出帳』一九七八年）。下水掃除は汚れ仕事ではあったが三分の二が利益で、一時は町鳶の重要な収入源となっていたのである。関口は井戸替えの図を添えているが、それは上水井戸である。改良水道の敷設以前は上水井戸の清掃も下水のそれと同様に鳶頭の業務だったのである。しかし、ここに記されているように改良水道の敷設、さらには下水の溝渠から地下管式への改修という都市インフラの整備により、昭和初年までにこれらの業務はまったくなくなった。この結果、昭和期には正月のお飾りが最大の定例の収益源となっていた（山口政五郎―一九九六）。

第二の装飾や第三の警備については同時代に批判があった。明治三九年の東京の一市民の投書に、祭典のときの軒飾や、正月の松飾等を断りもなく勝手に着手するという風習があるので止めてもらいたいというのがある（『大日本消防協会雑誌』四〇）。また三六年一二月一二日の『二六新報』が報じた「年末の取締」では、「消防夫連中が依頼も受ざるに無断にて松飾を為し、後に過分の代価を請求する」よからぬ習慣がいずれの町内にもあって商家が迷惑しているので容赦なく取締ると報じている。先の投書者も近年はあまり耳にしないのが喜ぶべきであるとしているので、この時期に警視庁の取締りによって、かなり改善されたようだが、同じことが一九五〇年代にも問題になっており、根絶されたわけではない（江戸消防記念会―一九八四）。

警備については、この時期には町内全体に負担をかける火の番が問題となっていた。先の投書者は冬季に町内に設けられる私設火の番が「多くは別段に町内一般に協議したる上にて設くるものでなくして、只一部の人々の賛成を以て設くるのであらう、そこで其費用を徴収する段になると町内の全部を廻りて集めると云ふことになる」とし、支払を拒む人から「強《しい》て之《これ》を徴収せんとするか如き悪弊は断然止めて貰いたい」と主張する。私設火の番に消防関係者が介在していることは警視庁も問題として、三一年一二月に所轄警察署の認可を受けることを命じた（『警視庁史料編纂資料 第三類第三編 消防』）。投書が掲載されたことは、大日本消防協会としてもこのようなことが問題であるととらえていたことを示していよう。このような「悪弊」が避けられなかったのは、町内の合意形成が難しかったためと考えられる。

「悪弊」の論理

江戸時代には各町がある種の自治体として機能していた。その中で発言権を持つのは地主や家主など限られた構成員ではあったが、合意形成のルールが日常的に機能していた。しかし、明治期の各町にはそのような機能はなかった。昭和期にはほぼ各町に町内会ができるが、昭和元年に調査された市内の町会三〇八のうち、江戸時代以来のものは一つもなく、明治三〇年以前の創設はわずかに一九、明治末年でも七六しか成立していなかった（東京市政調査会『東京市町内会に関する調査』一九二七年）。大半の町では、町内の合意を得る場がなかったのである。

ある時期までは、伝統とか町内の主立った者の合意を町内の合意とみなすことができたであろうが、住民の代替わりや新住民が加わったことにより、それは徐々に困難になったはずである。江戸時代の町の自治を前提としていた鳶頭の権益は、自治体としての町の解体により住民の反発を買いやすくなった。年初や祭礼の飾付けにしても、ある時期までは町内での統一や伝統的な家の格からして、どの程度の飾付けをすべきか明らかであったろう。しかし、個人の自由が認められ、家格の観念も多様化した時代には鳶頭による一方的な飾付けは不満を呼ばざるをえない。

例外的に、下水掃除は誰もが必要性を感じる仕事であったうえ、明治三〇年（一八九七）の伝染病予防法に準拠した三三年二月の東京布令一六号衛生組合設置規定により、各町に衛生組合が設けられ、その依頼や費用負担の合意形成の場があった（同前）。

また日露戦争期以後は軍人の送迎や英米艦隊の来航などで町々が飾付けや送迎、式典への参加などをおこなう機会が増した（『日本橋区史』四）。これは一時的な活動であったが、これを契機として後の町内会の原形が作られた例もある。先の第四の役割に挙げられたように、このような場合に装飾をおこなったり町を代表する旗や幟を持ったのは鳶頭であった。町としての活動がなされればかつての町抱鳶に出番が生じるのであり、町鳶の盛衰は各町の町としての活動の盛衰を象徴する面があった。

大日本消防協会が短期間で解散にいたるのは、この活動に熱心であった松井茂が警視庁を辞職して韓国に渡ったのが一因と考えられる。松井は警視庁第一部長として日比谷焼討ち事件の混乱を生じた責任を取り、三九年四月に辞職した。

日比谷焼打ち事件

明治三八年九月五日、日露戦争の講和条件への不満から生じた日比谷焼打ち事件は、東京ではじめての大規模な民衆騒擾《そうじょう》事件であった。警視庁の警備担当者であった松井は消防署長を兼ねていたが、その指揮下の消防組はいかに都市騒擾に対応したのであろうか。その全貌は明らかではない。騒擾が治まってから東京市の指示で各区が設けた自衛団に消防組員が参加し（『大日本消防協会雑誌』二六）、また各分署長の命により所轄内の警戒巡邏にあたったことは明らかだが、それ以前の動向はよくわかっていない。彼らは、一面で騒擾を起こしかねない民衆そのものであり、また一面で警視庁の統制下の集団でもあった。

日比谷焼打ち事件のきっかけとなったのは、日比谷公園で開催された河野広中主催の講和反対国民大会であった。警視庁はこれを禁止し、事前に公園の諸門を閉鎖した。この門の閉鎖にあたって長沢会計課長は半纏《はんてん》を着用した消防組員にあたらせることを提案した。これに対して松井は「消防組員は消防としての任務があるのであるから、斯《かか》る場合に公式の法被《はっぴ》を着て当るのは不適当」としてこれを容れなかった（『松井茂自伝』）。長沢は、消防組員とわかれば民衆の妨害も受けず、閉鎖が順調にいくと考えたのであろうが、松井はそのようなかたちで民衆と対峙させることを避けている。この後、内務大臣官邸ほかが放火された際に出動した蒸気ポンプや消防機関手はかなり攻撃され、消防署員に四五名の負傷者が生じているが、消防組員についてそのような例は確認できない。焼討ちは各所でなされたから、地元住民たちと協力して衝突を避けながら適宜火災の拡大防止にあたったのであろう。

ただ、昭和三年の死没に際して勲七等瑞宝章を送られた第一分署六番組（旧す組）滝口秀次郎の功績に、この時「松井茂の指揮下、部下を率い日比谷門を死守」した旨記載がある。日比谷門は公園の正門で、結局は民衆の実力により突破され、国民大会が開かれた。滝口は文久二年（一八六二）以来の町火消であるが、日清戦争にあたって、配下三〇〇名を率いて大倉組に属して渡韓し、敵地深く進入して軍隊に物資を供給したという人物であるから、あるいはみずから望んでこのような役割を果たしたのかもしれない（賞勲局―一九八七）。しかし、少なくとも同時代にはその活動は報じられなかった。松井は消防組が警察とともに民衆と対峙する印象を与えたくはなかったし、組員の多くも松井の姿勢に同感であったろう。

なお、騒擾の中途から、警視庁前や日本橋警察署前で群集に向かって蒸気ポンプで放水して追い散らすことがおこなわれ、巡査の抜剣による従来の手法と比べて死傷者を生じにくいため、一般にも評判が良かった。事件直後には日本橋警察署長が、「日比谷などではあんな事をやらぬでも、蒸気ポンプで水をかけると宜しうございました」と述べている（松井茂『日比谷騒擾事件顛末』一九五二年）。河野広中がきっかけを作った民衆騒擾が、警視庁に三島通庸が好んだ蒸気ポンプの新たな用法を知らしめたのだった。

消防自動車の時代

消防自動車の登場

救助梯子の導入

改良水道の利用に続く消防器材の変化は、松井茂がドイツで実物を見て提案し、明治三六年（一九〇三）に輸入された救助梯子《はしご》の導入であった。四輪の台車に乗せられ、全長は約一八㍍で、救助梯子という名称ではあったが、当初は放水のために使用された。最初は三六年一二月一〇日の東京興信所（三階建）、二回目は三八年の札幌麦酒会社（二・三階建煉瓦造五棟焼失）、三回目は三九年四月二四日の憲政党本部などの入居した建物（二階建一棟全焼、三棟半焼）といった、当時としては大型の建物の火災に出場した。

放水は、放水専掌の消防機関手が梯子の先端に登り、火に炙《あぶ》られながら一〇分交代でおこなった。この時期の消防機関手は「素人よりして本部（消防部）に養成なす者にて、最初は梯子へ登る練習だけにても容易の事に非《あ》らず」とされ、憲政党本部建物の火災で活躍した放水専掌は三六年に採用された茨城県人であったから、消防部独自の採用・訓練体制が整っていたことがわかる（『大日本消防協会雑誌』三三）。

当時の放水専掌は各蒸気ポンプに三名ずつの二交代で、警視庁消防部全体でも四八名、数的にはそれほど多くなかったが、ある程度の大火となると全隊が出動するため、視覚的にはかなり目立った。そして札幌ビールの火災では「場所柄とて吾妻橋界隈より浅草広小路へかけては弥次馬連の押掛くるもの引も切らず」（同前二八号）、また憲政党本部建物の火災では「空地を前に控へたる棟高き建築物のこととて一の展望を遮るものなく、人民新聞社の付近より山城町の往来に群集したる山の如き人は恰《あたか》も桟敷《さじき》に於て火事見物をなす者の如く、其顔は烈火の光に輝きて付近は白昼と等しき観をなし、一面広場に於て必死の働きをなす消防夫の顔容身振り亦《また》容易に見るべからざる大活劇なりき」（同前三三号）と、当時の火事は多くの見物人を集めた。それこそが従来の町火消・消防組の花形性を支えていたのだが、この時期には、見ごたえがあり、人が集まりやすい繁華街の比較的大規模な洋風建物の火災現場では消防組より機械力を使う消防機関士や機関手の方が目にみえる働きをした。札幌ビールの火災では救助梯子が位置を転じて放水・消火するごとに「吾妻橋上の見物人は拍手喝采」したという。

吉原大火

近代水道の敷設以来、一二年にわたり大火がなかった東京で、久しぶりの大火となったのが明治四四年四月九日午前一一時二五分ころに「美華登《みかど》楼」から出火した吉原の大火で、近傍二三ヵ町に延焼して六一八九戸を全焼した。当時、これほどの大火となったのは、吉原に「大廈高楼《たいかこうろう》」が多く周辺が木造住宅密集地であったうえ、消火栓が十分に効果を示さず、また干潮で水利の便が悪かったことと、大火がなかったために火災を軽視したためであると論じられた（『万朝報』四月一一日）。「大廈高楼」といっても三、四階建が立ち並んでいる程度だが、当時の市域の外れで、都心部のように急速に蒸気ポンプを集中することができない条件では延焼の阻止が困難であったらしい。また水道消火栓は、とくに大火となってからは、二、三尺しか水が上がらなかったというから、直結した水管による放水は困難であったと考えられる。これは一つには多くの消火栓を開き、また一度開いた栓を閉じぬままほかに転じたからであった（『万朝報』四月一〇日）。当時も現在も東京の消火栓は地下式であり、当時は下水道が未整備だったので、排水の便が悪いところでは放水によりあたりが泥沼となり、消火栓が泥水に没して操作が困難となった。一部の消火栓は三日後にもまだ閉じられずに水を湧き出させていた。

またこの時期には近代水道自体の限界も生じていた。当時は、現在の東京都庁付近にあった淀橋浄水場から全市に送水しており、吉原は末端部であった。そして利用の多い日には計画上の利用量以上の需要があり、水道需要の少ない夜間の火災ならともかく、昼間の、末端部での火災に十分な消防用水を供給する力はなかったと考えられる。この翌年にようやく村山貯水池を利用する本格的な拡張が着手される（『淀橋浄水場史』）。

市内の蒸気ポンプや消防組は総出で消火にあたったが、能力の不足は明らかであった。そこで警視庁は午後四時に神奈川県警察部に応援を求め、このころには近衛歩兵第一連隊の二個大隊が来援した。神奈川県警察部では戸部・伊勢佐木・山手・加賀四署の消防隊一〇〇名と蒸気ポンプ一台、腕用ポンプ五台、馬二匹を午後五時一五分横浜駅発の列車で派遣した。午後八時ごろには赤羽の工兵隊も来援し、八時四〇分ごろに完全に鎮火した（『万朝報』四月一〇日三面）。この間に警視庁の蒸気ポンプ一台と腕用ポンプ四台が焼失し、馬二頭が焼死した（『東京の消防百年の歩み』）。

ある組頭の死

この火災での死者は五名であった。うち四名は鎮火翌日の一〇日に発見され、すぐに身元が明らかになったが、一一日の夜になって引手茶屋兼《かね》大阪《おおさか》の裏手で発見された遺体は身元が不明のため区吏に引き渡された。しかし翌日になってこの遺体は地元の第五分署四番組の組頭であることが判明した。彼は従来から兼大阪の出入りであったところから、手伝いに駆けつけ、裏手の土蔵に火が入るのを防ごうとしたものの、近視であったため逃げそこなったのであろうと報じられた（『万朝報』四月一三日三面）。

明治一三年（一八八〇）に警視庁が問題とした、火災発生時に平常の出入り先に駆けつけて消防組としての活動を後回しにするという行動様式がいまだに残っていたのである。彼は当時五〇歳、出入り先への義理を重んじ、それに殉じたのであるから、義理と人情を重んじる古風な鳶のありかたを貫いた点では立派な死であった。しかし、いうまでもなく、警視庁消防部にとっては、由々しき問題であった。彼の率いる組は出火場所に最も近い消防組であり、真っ先に消火にあたることを期待されていたのである。明治の最後にあたって、すぐれた消防組員であることと、義理堅い鳶であることの矛盾がはっきりした形で示されることになった。そして、出入りの鳶としての義理を完璧に果たした彼が、出入り先から身元不明とされてしまうところに彼の悲劇があった。彼が守ろうとした鳶と出入り先をめぐる伝統は過去のものになりつつあったのである。

二年後の大正二年（一九一三）十一月二十日、各区消防組が纏を立てて半纏《はんてん》姿で勢揃いする上野の山に、麝香間祗候《じやこうのましこう》従一位勲一等徳川慶喜公の葬列が粛々と進んで行った（『万朝報』一二月一日）。明治という時代を文字通り最初から最後まで見届けた最後の将軍は享年七六歳であった。江戸の町々の習慣を伝える人々も少なくなっていたはずである。

消防手の登場

吉原の大火の翌四五年（一九一二、大正元）三月二一日には洲崎の遊郭から出火して一一四九戸を全焼し、大正二年二月二〇日には神田三崎町救世軍殖民大学館から出火して二三七六戸を全焼した。これに対応して、消防力の強化が図られ、長らく八台で明治四〇年に逓信省の焼失を契機に一台が増強されただけであった蒸気ポンプは、大正三年三月には一七台と倍増された（大正三年訓令甲四号）。

これは、当然常勤職員の増加をともなったが同時にその待遇も大幅に変更された。すなわち、大正二年六月に従来雇員であった消防機関手と消防調馬手を巡査・看守と同様の判任官待遇の消防手と改め（大正二年六月一三日勅令一四九号）、その中に、指揮にあたる消防曹長と機関勤務・調馬勤務・放水勤務・喇叭《らっぱ》勤務の別を設けた。そして、従来消防機関手・調馬手に認められていた非番日の兼業を禁止した。これを不満として退職した者もかなりあったと伝えられている（『東京の消防百年の歩み』）から、当時まで兼業者があったのであろう。鳶との兼業も制度的に可能だったのである。

彼らは雇員時代も国家事務の一部を負担していた点で消防組員と同様に官吏であり、また服制や服務形態では消防組員より狭義の官吏に近い印象を与えていたが、二四年八月に判任官待遇になっていた巡査や看守とは異なり、警視庁官制にはその存在が規定されてはいなかった。この時の改正ではじめて官制に規定され、狭い意味での「官吏」化がなされた。そして、従来一台の蒸気ポンプに二名の判任官の消防機関士が付き、常時彼らの指揮下で蒸気ポンプが運用されたが、この後は消防機関士は一台に一人とされ、機関士の非番日には消防手のみによる運用もなされるようになった。また大正五年（一九一六）には従来巡査にしか認められていなかった判任官の消防士への昇進（特別任用）が消防手にも認められ、消防手の官吏化が完成された。

消防自動車の登場

消防ポンプと走行用の動力が共通の内燃機関であるという意味で現在と同様の世界最初の消防自動車は一九〇三年にはじめて生産された。日本へは、大正三年（一九一四）に大正博覧会出品のためにイギリス製とドイツ製の二台が輸入され、横浜の居留地消防隊と名古屋市に引き取られた。名古屋市に購入を勧めたのは当時の愛知県知事松井茂で、彼はドイツ製の消防自動車のメーカーの社名に心当たりがなかったので、旧知のハノーヴァーの消防総長にその会社が信用できるかを電報で問い合わせた。社名はベンツである。

東京では大正六年にアメリカのラフランス社製の一台を購入したのが最初で、大正九年までにポンプ自動車・水管自動車各二五台を整備して馬曳き蒸気ポンプを全廃した。ニューヨークでの馬曳き蒸気ポンプ全廃はこの二年後であるから（Paul C. Ditzel, 1976）、転換の速さはなかなかのものである。消防自動車はすべて輸入であった。

消防自動車は六つの消防署（明治三九年に分署から名称変更）と一九の出張所にそれぞれポンプ自動車と水管自動車が一台ずつ配置された。従来、出張所からは消防機関士と消防手が馬曳き蒸気ポンプで、消防署からは消防士と当直の消防組員が水管馬車で、それぞれ出場した。しかし、各消防署に消防自動車が配置されると、消防組の常備消防夫としての当直は廃止された。これは、配置された消防自動車と人員からすれば当然のことであった。ポンプ車の種類によりやや異なるが、ポンプ自動車と水管自動車からなる隊は曹長一名、取締一名、放水勤務七、八名、機関勤務三名の十二、三名の消防手を一直とし、二交代制であった。切替え前の蒸気ポンプは一直九名で運用されており、放水勤務は三名であったから、一直あたりの総人員と放水勤務者はともに三、四名増加し、増加した放水勤務者は水管自動車の水管を消火栓に直結して消火にあたることができた。従来各消防署の当直消防組員一〇名が消火栓に直結した水管で消火にあたったが、出場単位である消防署あたりの自動車隊は四隊以上であったから、火事場で消火栓直結の水管による放水に従事できる人員はかえって増加したのである。

このほか、蒸気ポンプは石炭焚きで、点火してからボイラーの水が蒸気になって運転を開始できるまで一定の時間がかかるうえ、出動にあたって馬を繋ぎ、火事場で切り離して待避させ、移動の必要があればまた繋ぐという手間がかかったが、消防自動車の場合はこれらの手間がかからないという利点もあり、消防力は明らかに強化された。消防自動車としてはこのほか梯子自動車五台が第四以外の各消防署に一台ずつ配置され、また第五消防署の浅草公園派出署には、公園の瓢箪池を水利とする計画で手引ガソリンポンプが配置された。

消防組の役割変化

消防自動車による消防制度の確立により、消防組に対して予備消防という言葉が使われるようになった。従来の常備勤務がなくなったため、官吏による消防隊が常備、消防組が予備となったのである。冬季夜間の分遣所での当直は続いたが、その人員は五名に半減された。

消防自動車の導入が決まった後、大正七年（一九一八）七月に、消防組の装備から腕用ポンプが外された。改良水道の開通後は、水道の便が悪い地域や断水時のほかは腕用ポンプを携行しないで出場することになっており、実際に使用されることが少なくなっていたのであろう。また刺俣《さすまた》も居住区域内か大火の場合以外携行しなくてよいとされていた（明治三七年、東京市部消防組員服務規定）。絡車（手引水管車）を主要装備とする消防組は、あまり多くが出場しても、先着の消防自動車が利用しやすい消火栓を使い切っていて活動の余地が少なかったと考えられる。消防自動車の登場により、消防組の役割は非常に小さくなった。そして、予備消防といいながら、腕用ポンプを廃止したことで水道断水時への対応力も低下していた。消防組は火事場での仕事の大部分を奪われ、それに代わるべきものを与えられなかったのである。

関東大震災

関東大震火災と消防組

大正一二年（一九二三）九月一日に発生した関東大震災は、当時「大正大震火災」と呼ばれたように、二三万六四一二戸を焼き、一〇万人規模の死者を生じる明暦の大火以来の大火災をもたらした。当時、警視庁は八二四名の常備消防員と一四〇二名の消防組員、そして、ポンプ自動車三八両、水管自動車一七両、梯子自動車五両などを保有していたが、一三六件という多数の火災発生と震災による水道の断水により防御は困難を極め、必死の活動にもかかわらず消防車九両を焼失し、消防士・消防手各一名と消防組員二二名が殉職した。

震災により水道が断水した時の消防活動の困難は七〇年後の阪神淡路大震災でも実証さ

れたところであるが、水道消火栓直結用の水管（ホース）と管鑓（筒先）しかもたなかった消防組にとってそれは致命的な事態であった。

本所・深川の第六消防署一番組の島田銀次郎と小黒庄太郎は、門前山本町の置場から絡《らく》車《しゃ》を引き出して門前仲町の火災に立ち向かい、三番組小頭副岩瀬二郎七と五番組木村芳蔵は相生町の絡車を曳いて松坂町の火災に、五番組小頭副安田豊吉・同伊藤徳太郎・同井戸田亀二・白石安次郎は、三笠町の絡車を曳いて吉岡町方面に、六番組組頭古川花太郎・熊谷貞三・諏訪佐二郎・池田与五郎は、八軒町の絡車を曳いてそれぞれ出場し、六番組の小頭平野六三郎と池田与五郎も水道直結のホースを握った。しかし水道の水圧は浄水所のポンプの停止と各所での水道管の破損により急速に低下して放水を続けることができなくなり、彼らは拡大する火災の中で全員殉職した。

近くにポンプ車が出場した場合には、消防組員はそれに協力した。第六消防署三番組頭松村赤太郎は、部下とともに黒江出張所のポンプ車隊に協力したが、当人は殉職した。第一消防署六番組の小頭田中庄太郎ほか四名は、消防本署のポンプ車に連結した水管により日比谷警察署方面の防御にあたり、同署、警視庁官房主事正力松太郎官舎、東京日日新聞社などへの延焼を阻止した（『日本橋消防署百年史』）。第二消防署一番組は、組頭鳥海久蔵以下十余名が警視庁方面火災に出場して注水を援助し家屋を破壊し、その後八官町、内幸町胃腸病院と転戦し、土橋で二本榎出張所隊に協力した。その後、火に追われた住民をいったん愛宕下町の林伯爵邸跡に誘導したが同所にも火が迫り、鳥海は浜離宮への再避難を呼びかけて二百余名を避難させたものの、三十余名の住民と纏を握った部下の古尾谷治重とともに殉職した。

以上の記述は、当時の警視庁が編纂した公刊物が常備消防隊を中心に記述しているためにに殉職者への叙勲資料（総理府賞勲局―一九八三）に依拠したが、ほかの組も類似の活動をしたものと思われる。

鳶たちの活躍

震災翌年に東京府が編纂した『大正震災美談』からも、消防組員や鳶の活躍が浮かび上がってくる。小石川区音羽町の菓子屋では家屋が倒壊し、柱の下敷きとなった主人は駆けつけた近所の人々の手では救助できなかったが、関口町に住む親の代からの鳶で「町内人夫頭元鳶職」の佐藤亀次郎（四八歳）が鋸《のこぎり》で柱を挽き切って救出した。佐藤はその後いち早く炊出しを開始し、町会の炊出し所が完備するまで四日間、寝食を忘れてこれに従事したという。町の鳶頭としての典型的な活動であろう。

人命の救助では、浅草の待乳山《まっちやま》公園の本竜寺の鳶頭池田伊之助（五七歳）が逃げ場を失った四〇名を境内の一〇坪ほどの池に浸からせ、本堂が炎上する中で、バケツで水をかけるなどして三五名を助けた。彼は五年前まで第一消防署七番組に属していた。また、同じく第一消防署の消防組員であった杉田鉄次郎（四五歳）は巡査とともに倒壊した隣家の長屋から一七名を救出し、ついで近所の住民が避難した深川公園で避難民を誘導して最後には泥の中に伏せさせて泥水を掛けて救助した。火事場での経験が猛火の中での人命救助に繋がったのである。下谷《したや》竜泉寺《りゅうせんじ》町の豆腐商岩田徳次郎（五二歳）は、若いときは鳶であったので地震の直後に丸太と鋸で二軒の倒壊家屋から三名を救出し、ついで上野公園の茶店に避難したが、ここに火が迫ったので、一人で屋根に上り、バケツ二個と雑巾《ぞうきん》三、四枚で飛び火を防いでこれを守り通した。火災に際して屋根に上って飛び火を防ぐのは江戸時代以来の常識であったが、関東大震災時にはほとんどおこなわれておらず、震災後、震災予防調査会の一員として調査にあたった寺田寅彦は、手帳に、各自屋根に上って飛び火を防ぐべきであることを書留めている。岩田は長年の経験で最も効果的な防火法をとったのである。

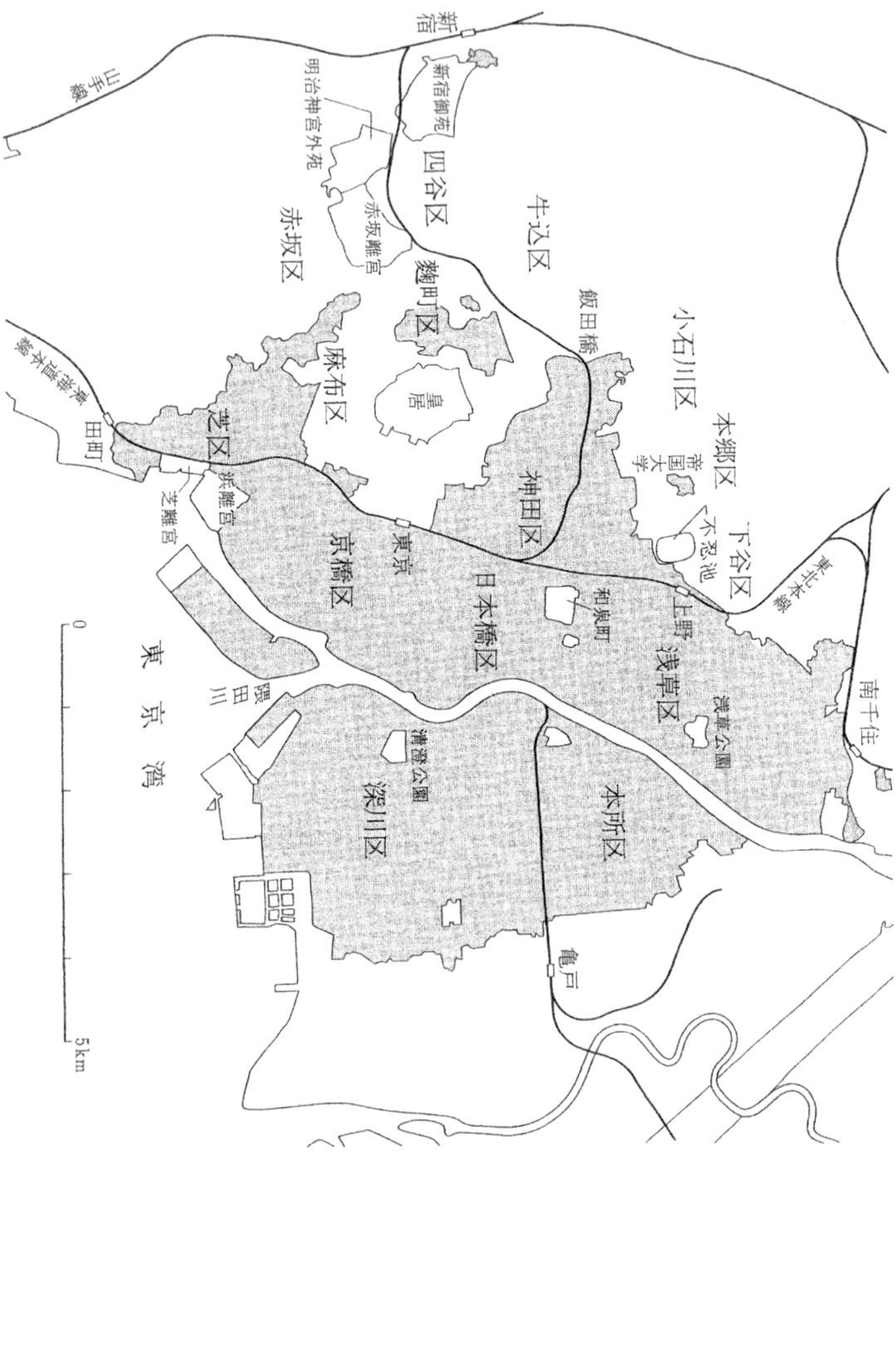

関東大震災による焼失区域

浅草観音堂と神田和泉町・平河町

震災時に周囲をすべて焼かれながら防火活動の結果かろうじて焼失を免れて焼け残ったのは、浅草伝法院観音堂と神田和泉《いずみ》町・平河町の二ヵ所であった。

浅草の防御には第五消防署浅草公園隊も参加したが、それ以外の消防上の活動で著しかったのは第五消防署四番組の組頭馬場斧吉（六〇歳）らである。彼は先祖代々、一〇代目の組頭で、家族と八名の組子とともに浅草公園に避難したが、ここにも火が及んだので、組子とともに周辺の民家を破壊し、また住民を二列に並べて池の水をバケツで送らせ、境内の建物の屋根に登って鳶口と水で火を防いだ。

神田和泉町・平河町はまったく消防隊の援助を得ずに防御に成功した点で特筆すべきものであった。ここでは、住民による破壊消防やバケツ類の手送りによる注水とならんで町内の帝国ポンプ会社にあった目黒町消防組に納入予定の二〇馬力ガソリンポンプが利用され、下水に水利を得て活躍した。そのポンプを提供し、運用に努力したものとして五名の名が記録されているが、町内の荒物商一名を除く四名は鳶である。このうち三名は区外に居住しているところから、帝国ポンプの出入の鳶で、ポンプの操作に長じた、多分は消防経験者であったと思われる。

住民による組織立った消防活動が成功した二例とも、その中核には鳶の姿が見られた。消防経験豊かな鳶の技能や判断力は、絶望的な状況の中でも、なお多くの人命や財産を救ったのである。

破壊消防

東京帝国大学理学部の中村清二は、震災予防調査会委員として東京市内の火災についての調査を担当し、三十余名の帝大理学部学生とともに九月下旬から一〇月上旬にかけておこなった広範な聞取り調査にもとづく貴重な資料を残している（『震災予防調査会報告』第一〇〇号戊）が、その中で破壊消防について次のように論じている。

水道及びポンプの発達しない以前には盛んに用ひられたが、今は旧式の方法として疎ぜられ、之《これ》に使用した家屋を押し倒す為めの大刺股《おおさすまた》又は梯子《はしご》、或は柱を切る為めの鉞《まさかり》、鋸《のこぎり》等は今や殆《ほとん》ど見るべからざるに至つた。然《しか》るに今度の火災では此等《これら》の器具が殆ど無いのに拘《かかわ》らず、破壊消防が工兵隊及び警官、青年団、在郷軍人等の素人消防家によつて各方面に於て行はれて偉大な効果を齎《もた》らしたのである。

ここで指摘されている大指俣と階子は、消防用に関する限り、明治初年から数量にほとんど変化はなく、鉞や鋸は正規の消防用具として用いられた期間は短い。これらが減ったと感じられたのは、一つにはかつて自衛用に各町や大店《おおだな》に備えられていたのが減少したためであろうが、それらが使われなかったより本質的な理由は、最初の章でみたような器具の使用法によるのであろう。ただ大指俣や階子を当てただけでは家は倒れないのである。多くの人手で屋根や壁を壊し、露出させた垂木《たるき》などに長鳶口を掛けて調子を合わせて取り崩すには、技能を持ち共同作業に慣れた多数の鳶が必要であった。大指俣や階子がどこにあるかを知っている消防組員やその経験者は、その活用の困難を知っているゆえに、あえて持出さなかったと考えられる。江戸町火消の伝統の技は、限られた技能者でなくてはできないものであり、このような大災害時の自衛消防手段には適さなかったのである。中村は「破壊消防の行はれた最も有効であつた例」として、以下の事例を紹介している。

下谷区下車坂町四十四番地から上野駅まで位の幅で火が南方から攻上《せめのぼ》つて来たとき、坂本警察署長が卒先して破壊消防によつて之を防禦せんとした。器具としては縄と鋸とだけしか無かつたが、先づ鋸で柱の根元を切り、柱に縄をつけて之を引倒した。縄を引くには傍観して居る民衆を強制して之を為さしめた。(同前)

はじめの章で示した大阪での破壊消防法とまったく同じである。とくに技能を持たない人々がおこなうべき破壊消防法としては当時もこのやりかたが最も適当であった。

当時の警視庁消防部長緒方惟一郎は大火になった原因として、第一に発火地点が多数であったこと、第二に消防力の不備、第三に暴風と旋風、第四に水道の断水、第五に通信連絡の途絶、第六に家財の路上堆積をあげている。

警視庁消防部の総括

このうち消防力の不備は消防の備えが一隊にポンプ車一台の「一重一段」であり、隊員も一隊八〜一二名で余裕がないことで、一隊二、三台とし、隊員数も一〇〜二〇名に増し、また休暇などに備えて予備を置くべきだとする。そして、六署中二署長が奏任官の消防司令で残り四署長が判任官の消防士であるのをすべて消防司令とし、消防隊長は三七隊中七隊のみが消防士で残りは消防曹長以下であるのを出張所の二〇隊分を消防士として分署に昇格させるのが望ましいとする。器材については、高層建築物用の高圧ポンプ車、動力付きの回転式梯子、自動車防煙具、水槽付き化学消防車、薬品・電気・油火災用の特殊消防機具、破壊消防用牽引自動車、救護自動車などが考えられると論じる。緒方はこれらは震災前から要求しているが財政上容れられていない「未決の懸案」であるという（同前）。

焼け野原となった東京で奏任・判任のポスト増を要求するのはいかにも官僚的であるが、大正一三年（一九二四）九月一七日の官制改定で消防士一四名以下の増員が認められ、昭和四年（一九二九）には一九消防署二八出張所体制となり、ポンプ自動車六五台、ガソリンポンプ、オートバイポンプ各一台、水管自動車一七台、梯子自動車三台を有した。また水管自動車の一台には化学消化剤が積まれ、高圧放水銃搭載牽引車・破壊消防自動車・救護自動車なども一台ずつではあるが配備されていた（『消防一〇〇年史』）。余裕のある人員配置こそ実現しなかったが、常備職員は約一二〇〇名に達し、震災直後の緒方の要求はおおむね達成された。

破壊消防の導入

震災直後にはバラック建築が多く建てられたこともあって、消防の手段として破壊消防が本格的に取り入れられた。そのため、大正一二年の冬には陸軍から大斧、大十字鍬、大槌、ワイヤロープを借り受け、消防組の分遣所にも配置した（警視庁『大正大震火災誌』一九二五年）。鳶の伝統的な乾滅法の破壊ではなく、かつての大阪式の破壊消防の用具である。分遣所の夜詰組員は相変わらず五名であったから、破壊消防にあたっては組員がロープをかけて斧で柱を切り、住民を動員してロープを引かせる計画だったのであろう。

大正一三年三月にはアメリカ製の強引機を購入、八台を配備する。ついで、消防部の藤田機械課長と村瀬技師が研究・考案の結果、動力ウインチを備える破壊用消防自動車を開発し、大正一五年に下谷消防署に配置したが、この付属品として照明器具とロープのほか、刺俣五、大鍬一、大鉞一〇、掛矢五、大鋸《おが》一〇を備えた。柱を切って引き倒す方式を中心とした数十人規模での作業を想定したものと思われ、消防部独自に破壊消防をおこなう体制が整えられた（『東京の消防百年の歩み』）。

緒方は防火専用水道を含む水利の整備や防火思想の涵養《かんよう》の必要も論じており、その論旨はみずからの部局の拡大にだけ固執した狭いものではない。しかし、消防組については、何も論じていない。その制度は維持されたものの、なんら強化されなかったのである。

さきの神田和泉町・平河町では二〇馬力のガソリンポンプが活躍したが、明石町のガデリウス商会では商品のガソリンポンプ三台を掘割の河岸に引き出し、商会員と巡査、在郷軍人、そして鳶が放水し結局ポンプを焼失したものの、船上に避難していた人々の救命に貢献した。また佃島《つくだじま》の住民は石川島から借りたガソリンポンプと漁業組合の旧式腕用ポンプを利用して延焼を防止した。ガソリンポンプ、場合によっては腕用ポンプの放水も、破壊消防と併用された場合や避難民に放水して救命する役割を果たした。ガソリンポンプは明治四三年ころに三越の自衛消防隊に導入されたのをはじめとし、大正期には各地の消防組に採用されていた。この時点で、市部消防組に一台ずつでもガソリンポンプが配置されていたら、記録されるべき消防組の活動もかなり増えていたのではないかと思われるが、この後も消防組の装備は改善されない。

東京の市部消防組は伝統的に鳶たちの世界と考えられていたし、大都市であるだけに実際の出場回数が多く、また技能も高いものが要求されたため要員が得にくく、その規模を拡大することが困難であったと考えられる。そこで震災後も従来の規模のままで、拡大した常備消防の活動を現場で補助するのが主な役割となったのであろう。

国民消防から警防団へ

消防御親閲と木遣行進

昭和四年（一九二九）の正月六日、消防の世界では空前の式典がおこなわれた。即位の大典を終えたばかりの昭和天皇による皇居前広場での消防御親閲である。これには、全国消防組の代表者一万一七〇〇名と警視庁の常備消防隊一二〇〇名、市部消防組一五〇〇名、郡部消防組一万五一〇〇名と三万近くが参加し、招待者も田中義一首相以下八〇〇〇人に及んだ。無蓋自動車《オープンカー》に乗り、大元帥の通常礼装で参加消防組を巡閲した天皇が、御野立所の台上に立つと号砲一発、分列行進が開始された。その先頭を切ったのは神田消防署所属二番組（旧い組）組頭稲垣安次郎以下、四〇本の纏《まとい》を打ち振り、青竹の長階子を斜に支えて進む市部消防組の木遣《きやり》行進であった。

消防組の消火活動は消防自動車の登場以降影が薄くなっており、それは関東大震災を経ていっそう進んでいた。にもかかわらず、全国消防組の先頭を切るのは町火消であった。そしてこれは、当時帝都消防出初式と呼ばれていた警視庁の消防出初式も同じであった。市部消防組に続いては公設消防組の分列行進がおこなわれる。この前年に帝都消防出初式を見学した千葉県大原町の組頭中村一六は、木遣行進について「威勢のいい江戸気分であるが、残されたる伝統の遺物である。しかし参観の群集の多くには、これがこの上ない観物として期待されてゐるらしく、わたくしの前にゐる多数の府会議員諸君の中からも切《しき》りと賛嘆の声が洩れる。が、少なくとも私の周囲の同僚等は、それとは反対に一種の屈辱感を抱いた。『この時代錯誤にはこまるね』浅井君が云ふ。『これは、もう芸術品として遺されてるだけだ。実際それ以外には余り存在価値は無いと思ふ』わたくしが云ふ」と記している。そして、これとは対照的に、東京府の郡部から選抜された消防組については「地方消防見学隊の最も期待する府下義勇消防の中隊教練、及び分列式」と記し、「先の市内義勇消防と異なり、これは又、何たる整頓であらう。わたくしは、真に溜飲の下る思ひがせずにはゐられなかつた。一体東京の人は義勇消防といへば直に市内の義勇消防を以て率し、それを侮蔑視する。それは地方義勇消防の何たるを皆目《かいもく》知らざる彼等の無智からである」(『大日本消防』二一二)としている。この記事が載った雑誌は内務大臣を会長とする大日本消防協会の機関誌であり、全国の消防組に配布されていた。中村一六の認識はそれほど奇異なものではなかったし、封殺されるべき意見ともみなされなかったのである。地方消防組の指導者には「侮蔑視」される町火消との決別、軍隊式の「整頓」された中隊教練・分列式への志向が見られた。にもかかわらず、式典の先頭に立つのが木遣行列だったのは、いかなる事情によるものだったのであろうか。

国民消防と消防精神

消防御親閲式典の運営には、全国の消防組の連絡・後援組織であった大日本消防協会が関与していた。当時、消防の規則制定などは各府県単位で警察部の保安課あるいは消防課がおこなっており、全国的にそれを統括する体制はなかった。しかし、全国的な教育機関として、明治四二年(一九〇九)に警察協会が開設した警察官練習所を内務省が引き取って大正七年(一九一八)に設置した警察講習所があった。ここでの警察官への講習には消防に関する内容が含まれ、大正一二年には、はじめて地方消防組の組頭や幹部が参加する消防講習がおこなわれた。この時の懇談会を一因として大正一五年に全国消防組頭大会が開かれ、この決議にもとづき、翌昭和二年(一九二七)に財団法人日本消防協会が設立された。日本消防協会の会長は時の内務大臣であったが、副会長は一貫して松井茂であり、彼はまた消防講習をおこなった時の警察講習所長であった。消防組の全国的な連係活動を中央で主導したのは松井であった。

松井は日比谷焼打ち事件以降、警察と社会との調和を重視し、大正八年以降は「国民警察」を唱えていたが（大日方純夫『警察の社会史』岩波新書）、この活動を進めている大正一五年に、『国民消防』と題する著書を刊行した。松井のいう国民消防は一つには国民警察の場合と同じく、「消防の基礎を国民全体の中に置き、之《これ》を背景として、活動する」ことであるが、同時に「普選時代の今日では、消防は、真に我邦《わがくに》国民精神の中心的基礎を作り上げねばならぬ。而《しか》して又偶々《たまたま》消防の職は最も之に適合して居る」と、消防精神を中心に国民精神を築くという意味があった。そして消防精神の内容については、

> 消防の大精神は人類愛の為めに、犠牲的精神を発揮する事が、基礎的観念であるから、此の義勇奉公心こそ、消防精神の眼目であらねばならぬ。余が常に纏の精神を愛し、江戸時代の消防気風を嘆賞するのも、畢竟《ひっきょう》当時の俠客気質は、民衆的武士道であって、其の美風が盛に我消防社会に行はれたものであつた。即ち自然に所謂伊達と意気地で、男を売るの気概が存在したので、従つて又男子の本領をば、人生最後の幕に躍動せしめんと志したのは当然である。昔の消防手が、男の中の男として、江戸の花と

咲いた所に、我邦伝統的の消防気風が存して居つた次第である。（松井茂―一九二六）

と、「民衆的武士道」を具備した江戸町火消にその起源を認め、それが伝統的なものであると論じた。もちろん、明治以来の経緯を知る彼は「消防にも一時は気風の堕落を見たる時代もないではない。されば、昭和の新時代には、又新に之に相当すべき、堅実なる消防気風を振起せねばならぬのは勿論である」と、単なる伝統の継承ではないことを主張する。ここでは、町火消のいわゆる「悪弊」を一時の堕落として、より理想的であったとされる過去への回帰が求められるのである。

義勇奉公と民衆的町火消

ここで使われた「民衆的」という言葉は、彼が町火消的な伝統を肯定するときの核になる表現である。たとえば消防組では軍隊式・警察式の制服も用いられるが「法被《はっぴ》は古来よりの沿革もあり、且《か》つ趣味上より云ふも、決して、軽率に廃止すべきものではない。殊《こと》に之ありてこそ、民衆的の気分も、深く味はれる」。またこれは「平民的」とも言い換えられ、伝統によって擁護される。消防組頭や小頭という名称が「余りに平民的」であるから、消防組を消防隊に変更し、組頭の名称を消防隊長と改めようとの説に対し彼は「我が邦の伝統的慣習に基き、従来の名称を存置」すべきだとする。

　これらの主張は、大正政変、さらに第一次世界大戦を契機に盛り上がっていた民衆の政治参加の動きに対する、内務官僚の一つの対応の方向が示されている。すなわち、民衆が普通選挙による政治参加をおこない、また自治を拡張することを認めると同時に、彼らの元来の伝統であるところの義勇奉公の精神を発揚することによって、内務官僚の目から見て堅実な国家をかたちづくろうとするものである。

　教育勅語の中の一句として人々の頭に刷り込まれた義勇奉公という言葉は軍事的な活動を連想させがちである。しかし、この本が書かれた大正末年は、第一次大戦で世界的に戦争への懐疑が生じ、軍縮が進められた時代であった。だからこそ、軍事ではない世界で「義勇奉公」を語る路線にも一定の説得力があった。町火消は「義勇奉公」が民衆の伝統であったことを象徴する存在であり、それゆえ出初式の先頭は町火消でなくてはならなかった。

　そして、当時の東京市部消防組の人々は、誇りを持って松井の路線に乗った。東京消防組の総代数名は御親閲の前日「定例に依り」、松井宅を年始に訪れ、この日の予行演習の無事終了を報告して「互に喜色面《おもて》に溢《あふ》れ」「火消しなればこそ此の光栄を荷《にな》ふものなりとて深く感激した」と松井は記している（『大日本消防』三―二）。

戦時型消防車と絡車（昭和館蔵）

防火帽・防火衣姿の3人の消防手が消防自動車から降ろした絡車を操作している．訓練のため延長した水管を巻き取っているのであろう．消防車は日本橋消防署の所属．大正15年7月に関東大震災後の一連の体制整備の結果として，旧第一消防署の管内に，日本橋，丸の内，神田，京橋の4消防署が設置され，現在まで存続している．第一消防署の建物は日本橋消防署となった．写真は終戦後に米軍によって撮影されたもので，防火帽と消防車の正面にあるはずの警視庁の徽章が取りはずされていることが敗戦を感じさせる．

消防組の課題

一方、松井は消防上の市部消防組のありかたに危機感を持っていた。御親閲の直前に発表した論文の中で彼は「東京義勇消防の改善」を課題として取り上げ、消防組の現状を「蛇の生殺《なまごろ》しの様」と評した（『大日本消防』三―一）。彼は「従来の消防組員は伝統的に其の土地に於ける縄張の慣習もあつたが、今では建築物も鉄筋コンクリート式などとなりたる為めに、今日の時代としては縄張の特許主義も変遷を来し、また地均《じなら》し等の方法も自然変遷し来つた以上は消防組員も亦《また》時勢に応じ、之が職業の改善方法を改良すべく、此等《これら》職業上の構成等の改善をも期せねばならぬ」と、彼らの職業が縄張りを持った鳶であることを前提に、その維持の困難と改善の必要を述べる。

そして、この時代に「手輓絡車《てびきらくしゃ》でのそりのそりと纏を持つて火事場に出陣する様では、単に昔の歴史的遺物を物語るに過ぎないものであつて、此《か》くては自然義勇消防組員の影の薄くなるのは当然である。故に手輓に代ゆるに自動車を以てする等、時勢に適当の方法を講ずるのは当然の事である」と論じる。手引水管車は松井が消防本署長であった一八九九年に導入され、すでに三〇年が経過していた。また松井の在任中には各分署の常備当直の消防組員が馬車で出動したが、消防車の導入でこの制度が廃止されたため、組員はすべて徒歩で出場していた。松井は警視庁が消防組の装備改善を怠っていることをかなり明確に批判している。松井は消防組に過去の伝統を伝える特異な役割を認めていたから、その影が薄くなることは許せなかったのである。

霊岸島浜町抱鳶の長男として昭和六年（一九三一）に生まれた山口政五郎氏は子供時代に「貧乏とは縁が切れなかった」という（山口政五郎―一九九六）。また、一ツ橋の町鳶《まちとび》石川忠吉は大正一〇年生まれの長男に「後を継ぐ必要はない。大学まで行って勉強しろ」と口癖のようにいっていたという。昭和初年には家業の将来に明るい展望が持てなかったのであろう。長男は私立中学に進んだが、昭和一〇年ころには鳶の仕事が減って家計が圧迫されたため、夜間の商業学校に転じて昼間は給仕として働き始めた。後の慶応義塾塾長石川忠雄氏である（『日本経済新聞』一九九四年二月二・四日）。町鳶の経営難は少なくとも一部では確実に深刻な問題になっていた。

大東京と警防団

町火消の伝統を継ぐ、東京市部消防組の制度を消滅に追い込んだのは、制度の「統一」であった。昭和七年一〇月一日、東京市は隣接の八二町村を合併して、従来の一五区から三五区の大東京に一挙に拡張された。新たに市域に編入された地域には従来ポンプ自動車一三〇台ほかを有する八三組一万九二九一名の公設消防組が置かれていたが、警視庁はここに二〇の消防署を新設して約一〇〇〇名の常備職員を増加する一方、消防組員を五八三九名に削減した。これにより常備消防の規模は倍増し、市部消防組の規模は約五倍となった。

従来は市部消防組といえば旧町火消であったのが、これ以後、旧町火消は少数派となったのである。そして、市部消防組は同一の規則によって律せられ、その標識は纏ではなく旗と規定された。旧市部消防組を象徴する纏は公的な消防器具ではなくなった。しかし、実際には旧市部消防組には旗は交付されず、非公認の纏が使われつづける。伝統は規則の例外としてからくも生き残ったのである。

しかし、昭和一四年には警防団令により、全国的に消防組が解散され、これは旧市部消防組に致命的な打撃となった。警防団は従来の消防組と、昭和初年以来市町村単位で設けられてきた防護団を合併して作られたもので、その消防部は多くの場合旧消防組員によって構成された。

東京府でも郡部では従来の消防組員二万九八七九名に対して警防団消防部員は二万一七一九名であったから、おおむね消防組員によって構成されたと考えられる。しかし、東京市では、常備消防があるゆえに消防組が人口の割に小規模であったから、従来の消防組員七五六三名に対して、警防団消防部員は五万一〇九八名となり、中核となったのは旧消防組員であったにせよ、人数的には大半がそれ以外の人材となった。なお装備は主に手引ガソリンポンプであり、最後まで手引水管車を用いていた旧市部消防組と異なり、水道断水時などにも対応できる点で、空襲時などの予備消防としての実質的な能力は高かった。

「江戸の華」

大日本消防協会から大日本警防協会への名称変更により『大日本消防』から『大日本警防』と名前の変わった雑誌に、昭和一五年九月、「江戸の華」と題する文章が載った（一四巻九号）。筆者は下谷消防署長矢島安雄である。

「江戸の華として有名な江戸消防も、近頃其《そ》の男らしい法被姿が街頭に消えた為、最早《もはや》市民に全く忘れられたことと思ふ。之は余りにも残念であり、新日本の為、其の魂だけは飽《あ》く迄《まで》残し、普及したいものである」とはじめられるこの文章は、消防組の歴史と解消の経緯を述べた後、「この警防団の結成に当つては、江戸消防の態度如何《いかん》と内心憂慮した人々も啞然たる程、国家の御指針ならばやむを得ずと潔く消防組を解消し、円満に警防団に加入した」ことを指摘する。そして防護団幹部に比べ消防組幹部が警防団で低い地位に甘んじ、纏も法被も失いながら「不満なく、不平なく、今日も尚ほ警防に励んでゐる」のは「江戸の華たる貴き犠牲的精神」のあらわれであり、「理論は知らず実際あるのみとの風習は、不言実行として現れたのである」と評価する。

そして彼らは「明治大正時代より国内に浸潤した個人主義、利己主義の思想に何等《なんら》害せらるることなく、克《よ》く其の本来の魂を堅持してゐた」と論じ、その魂は「今日警防団の警防精神と帰一し、消防の使命を全ふしてゐるのである」と結論づける。そして最後は「今や世界的大変革期に在りて、我国は東亜新秩序建設の聖業に邁進《まいしん》し、国内に於て政治経済、文化の新体制に依る挙国体制の整備が要望せられる時、江戸消防の魂を我が心となし、更に之を各方面に発揚するは意義あることではなからうか」と結ばれる。ここでは、みずからの特異性を放棄して体制に順応する姿勢自体が高く評価されている。人々が戦場における義勇奉公に向けて進んでいくなかで彼らにほかの道はとりようもなかったし、何より各町に基盤を置く鳶の性格から、地域の住民組織としての警防団の活動には積極的に寄与しようとしたに違いない。

大日本警防協会の会長は時の内務大臣であり、副会長は松井茂であった。戦時下に松井が唱えていたのは「国民皆防諜《かいぼうちょう》、国民皆防犯、国民皆防火として義勇公に奉ずる」という「皇民警察」であった。「民衆的」な半纏《はんてん》にこだわりを見せた彼も、長男の回想によれば「黒色の詰襟、カーキ色の警防団の制服を新調した時は、よっぽど嬉しかったと見えて来訪者の誰彼を問わず箱から出して見せた」という性格であったから（『松井茂自伝』）、戦時体制下で「国民精神」の確立が一応なしとげられていたこの当時には、もはや町火消の伝統にこだわる必要は感じなかったであろう。

江戸消防記念会

消防組が解消されたことを受けて、昭和一四年（一九三九）四月、会員二四〇名の任意団体として江戸消防記念会が発足した（『江戸消防』）。翌一五年、警防団発足後最初の出初《でぞめ》式は帝都消防検閲式と名を改め、一月一五日に消防署の官吏一二六二名と警防団消防部員一万七八六名が参加しておこなわれた。それは人員・消防自動車の一時間半に及ぶ分列行進と消防体操、救助演習、梯子自動車操作、飛行機による焼夷弾《しょういだん》投下、模擬火災等、軍隊式の秩序を持った集団による戦時体制下の出初式にふさわしいものであった。

これに先立って従来帝都消防出初式がおこなわれていた一月六日、江戸消防記念会員は紀元二千六百年奉祝木遣行進として、法被《はっぴ》姿で纏を掲げ、市内を行進した。そして、四〇本の纏はその三日後から、都下六百貨店《デパート》連合の紀元二千六百年奉祝展覧会において、「我等の生活　歴史篇」の会場（上野松坂屋）に展示され、歴史的記念物となったことを示した（『朝日新聞』昭和一五年一月七・八日）。

空襲下の消防

戦時下東京の消防は警視庁消防部と警防団によって担われた。昭和一七年（一九四二）四月にはじまり、一九年一一月以降に本格化したアメリカ軍による執拗《しつよう》な空襲によって東京のほぼ全域が焼失し、関東大震災時と同様、一〇万以上の人命が失われた。警視庁消防部は空襲が烈しかった時期には一〇〇〇台以上の消防自動車と一万人以上の消防職員を擁して消防にあたり、かなりの成果をあげたものの、焼夷弾によって木造建築が密集する市街地に数十万の焼夷弾が降り注ぐ大規模空襲の火災には対応しきれなかった。市街地空襲に多用されたM69焼夷弾は二・七𣏐の焼夷弾四八発が三〇〇𥻘上空で四散して降り注ぐ構造であり、これらの焼夷弾や爆弾を五、六𰁜搭載したB29が二〇年三月一〇日の下町空襲では約三〇〇機、五月二四・二五日の山手空襲では両日とも約五〇〇機飛来したのである。

警防団は約二〇〇〇台の手引きガソリンポンプを装備して、区域（警察署所轄区域で一団）内の消火にあたったが、出動範囲が狭いため、出火場所への出場台数は常に消防自動車の方が多く、これが機械力による消防の主力であった。

警視庁の消防職員の定員は、空襲が必至と考えられた昭和一八年一〇月に五三二〇名から一万二一〇八名と二倍以上に増加された。この急速な増員のためには一七歳からの年少消防官の採用や地方での募集などもおこなわれたが、即戦力として最も有力な警防団消防部員からの採用が重視された。それでも、定員が満たされることはなく、さらに消防職員も徴兵・召集の対象となっていたため、一九年八月現在で約三〇〇〇名が出征中で人員の不足は深刻であった。そこで昭和二〇年一月に特別消防員制度を設け、都内の大学・高等学校の学生報国隊員四八〇〇名と警防団員五一五九名を消防職員に準じて勤務させた。東京市内の警防団のうち、消防組経験者による消防部特別班員は八〇〇〇名であったから、このうちの壮年者のかなりの部分は消防部に転じ、このことは応召者の増加とともに警防団の消防力の低下をまねいたに違いない。

度重なる空襲により、一四一名の警視庁消防部員（一二名の小使を含む）と五一名の警防団特別消防員、そして七名の学生報国隊特別消防員が殉職した（大越一二―一九五七）。

また消防組による地形《ちぎょう》工事の上に建てられた皇居新宮殿も、二〇年五月二五日に消防部特別消防隊・皇宮警察消防隊・近衛部隊によって三四名の殉職者を出す必死の防御がなされたにもかかわらず、市街地からの飛火によって炎上した。宮殿の屋根裏に焼夷弾が落下した場合の消火活動用にと昭和一二年に設けられた木連格子《きつれごうし》から、警視庁方面の市街地から飛来した火の粉が入り込んで屋根裏に着火したらしい（『皇宮警察史』）。大名火消なら木連格子の前で団扇《うちわ》で火の粉を防いだかもしれないが、そんな時代遅れの装備はなく、最も高性能なアメリカ製の二台を含む二八台の消防車も宮殿内を濡らすことを恐れて事前の注水をおこなわなかったために、着火を防ぐことはできなかった。かくして大規模火災に際しては、市街地と御城が運命をともにするという江戸時代の法則が再確認されたのである。

自治体消防

敗戦後も消防組織の再編はすぐにはおこなわれなかった。当面必要がなくなり、また解体を要求された軍隊とは異なり、消防組織は一日といえどもなしには済まされないから、これは当然のことである。戦後の行政整理のため、昭和二一年（一九四六）二月に警視庁消防部は、幹部で五割、一般職員で三割の定員削減をおこない、一八年に空襲に備えて拡張される以前とほぼ同規模にまで組織を縮小した。また皇居等の防火にあたった特別消防隊を廃止し、進駐軍施設への人員・器材の派遣を開始した。

一方、連合国軍総司令部（ＧＨＱ）民間情報部公安課は、二一年七月に火災予防行政の強化を指示した。これに対応して消防部に予防課、各署に予防係が置かれたが、その宣伝のため、アメリカの火災予防週間に倣《なら》った運動が二一年一〇月二一日からの一週間に実施された。期間中にはＧＨＱ当局者の指導・援助による火の元検査のほか、ＧＨＱ公安課長の火災予防に関する記者会見や消防部長の講演のラジオ放送、演劇・新聞を用いての宣伝、進駐軍の消防隊が加わる日米合同の消防訓練や消防車のパレードなど広範な行事がおこなわれたが、その一つとして木遣行列もおこなわれ、久しぶりに市民の前に旧市部消防組の法被《はっぴ》と纏が姿をあらわした（『東京の消防百年の歩み』）。誰もが火消とわかるその姿は、防火意識の喚起に有効であっただけではなく、人々に戦時体制が去って平和な時代が来たことを印象づけたに違いない。

江戸消防記念会の戦後の初の公式行事はこの年五月の殉職者慰霊祭であり、翌年二月にはＧＨＱ消防行政官の「理解ある内意」のもと、警視庁消防部長から空襲で焼失した纏を記念会に授与する式がおこなわれて会の復活の画期となったという。そして翌二三年一月、戦後二回目の「帝都消防出初式」に参加し、それが基本的には現在まで続く恒例となる（江戸消防記念会―一九八四）。

一方、ＧＨＱは日本の警察制度改革のために、二一年五・六月、アメリカの警察関係者による調査団を招いたが、その報告書は消防の警察からの分離を強く勧告していた。これにより、日本側で分離の具体的方法の検討が開始され、また二二年一〇月にＧＨＱ消防行政官から消防組織の概容が示されたのを受けて、同年一二月消防組織法が制定された。翌二三年三月七日、同法の施行により消防業務が警察から分離され、東京消防本部が創設された。出初式に江戸消防記念会が参加したのは、消防の警察からの分離が必至となった時期であった。警察とは異なる消防の独自の象徴として、町火消の伝統が振り返られるのは自然の流れである。なお、東京消防本部には本部長が置かれたが、この名称は翌年五月に東京消防庁・消防総監に改められる。これは警視庁・警視総監とまったく同格であることを示すべきだというGHQの要求によるものであった。

警防団はこれより早く二二年四月の勅令一八五号消防団令によって廃止され、東京都区部では、東京消防本部の発足時に、現在までつづく消防署ごとの消防団への改編を終えていた。旧市部消防組員にはこれに加わるものが多く、現在も江戸消防記念会メンバーの多くが消防団に加わっているという。制度的には消防組織法により消防団が市町村の任意設置となったため、消防団・東京消防庁関係者は改めて都・都議会に要求し、二四年七月に都規則により、四四団、一万六〇〇〇名で原則各消防署に一団の設置を確認した。この時消防庁は「通常火災を対象とした消防力は十分な体制にあるが、非常災害を考慮するとなお消防力の強化が必要である」との立場で運動した（『東京消防庁五〇年のあゆみ』）。

かくして、現在の東京消防庁・消防団による消防体制が形成された。なお、既述のように消防組と警視庁消防部は常に深い関係にあり、明治期や戦時期には消防組から消防部へのかなり大規模な人の動きがあったから、江戸消防記念会・消防団とならんで東京消防庁もまた旧町火消の伝統を継承しているといえよう。

参考文献

〔単　著〕

大越一二『東京大空襲時における消防隊の活躍』警察消防通信社、一九五七年。

酒井邦恭『江戸の華々問わず語り』日経事業出版、一九八〇年。

鈴木高重『大警視川路利良君伝』東陽社、一九一四年。

藤口透吾『江戸火消年代記』創思社、一九六二年。

藤口透吾・小鯖英一『消防一〇〇年史』創思社、一九六八年。

山口政五郎『鳶頭政五郎覚書　とんびの独言』角川書店、一九九六年。

山本純美『江戸の火事と火消』河出書房新社、一九九三年。

Paul C. Ditzel, *Fire Engines, Firefighters*, Crown Publishers, New York, 1976, 米。
E. Green-Hughes, *A History of Firefighting*, Moorland Publishing, 1979, 英。
Brian Wright, *Firefighting Equipment*, Shire Publications Ltd., 1989, 英。

〔論　文〕

鮎川克平「江戸町方火消人足の研究」東京大学近世史研究会『論集　きんせい』三、一九七九年。

飯田直樹「明治前期の大阪消防と消防頭取」『部落問題研究』八七、一九八六年。

飯田直樹「明治前期大阪における消防頭取と都市民衆世界」『年報 都市史研究』二、一九九四年。

池上彰彦「江戸火消制度の成立と展開」西山松之助編『江戸町人の研究』第五巻、吉川弘文館、一九七八年。

太路秀紀「江戸の町兵」『論集 きんせい』二一、一九九九年。

後藤一蔵「明治・大正期における消防組織の展開過程と村落―宮城県亘理町旧逢隈村を中心に―」『村落史研究』二八、一九八六年。

中原英典「三島通庸の履歴および神道碑文」『警察研究』四九巻五号、一九七八年。

西山松之助「火災都市江戸の実体」同編『江戸町人の研究』第五巻、吉川弘文館、一九七八年。

南和夫「消防」『講座日本の封建都市』二、文一総合出版、一九八三年。

吉田伸之「近世の身分意識と職分意識」『日本の社会史7 社会観と世界像』岩波書店、一九八七年（同『近世都市社会の身分構造』東京大学出版会、一九九八年、に収録）。

〔関係団体編纂物〕

江戸消防記念会『江戸消防 創立三十周年記念』一九八四年。

警視庁『警視庁史稿』一八九三年編（一九二七年に内務省警保局『庁府県警察沿革史』其二として刊行）。

警視庁『大正大震火災誌』一九二五年。

皇宮警察本部『皇宮警察史』一九七六年。

『東京消防庁五〇年のあゆみ』東京消防庁職員互助組合、一九九八年。

東京の消防百年記念行事推進委員会『東京の消防百年の歩み』東京消防庁、一九八〇年。

日本橋消防署百年史編纂委員会『日本橋消防署百年史』日本橋消防署、一九八一年。

〔史料集など〕

警視庁総監官房文書課記録係『警視庁史料編纂資料　第三類第三編　消防』東京府消防協会、一九三四年。

警視庁総監官房文書課記録係『庁史編纂資料　警察官及消防官ノ服制徽章警視庁並総監以旗提灯徽章』一九三八年。

司法省庶務課『徳川禁令考』一八八三年、一九三一年吉川弘文館翻刻前聚第三帙。

総理府賞勲局『賞勲局百年資料集　特別叙勲類纂（死没者）』上、大蔵省印刷局、一九八三年。

内務省警保局『警察研究資料』一九二五年。

内務省警保局『徳川時代警察沿革誌』一九二七年。

東京都公文書館所蔵文書（『明治二巳年中触達等銘書』、消防掛『明治三午年　消防事務書類』、庶務課『諸向往復留　検使消防等事務』、三四小区区務所『会議記録』自九年五月七日）。

国立公文書館所蔵『公文録』。

国立国会図書館憲政資料室所蔵『三島通庸文書』。

『風俗画報』一八六号明治聖世消防図会、一八九九年。

あとがき

筆者の生家は消防署（出張所）の向かいにあった。ものごころついて最初に目にした外の世界の人は消防官であった。幼時に昼寝をしていた二階の寝台からは望楼が見え、私は眠る前にも、目覚めた時にも、そこに消防官の姿を確認して自分たちが見守られているという安心感を得ていた。消防なくして都市の生活が成り立たないことは、私が最初に実感した社会のしくみであった。大変いたらぬ著作ではあるが、本書を感謝の念とともに、過去と現在の消防職員の皆さんに捧げたい。

学問的に本書の主題に興味を持ったのは、約一〇年前、大学院博士課程に進学した頃であった。従来近代史の演習にだけ出席していた私が、はじめて近世史の吉田伸之先生の演習に参加させていただき、江戸の町人世界の花形であり先生御自身も研究されていた火消の鳶たちが、近代にどのようになっていったのかということが気になった。ちょうど同じ時期に、高村直助先生も近代都市史を演習のテーマとされており、そこでの発表が本書にいたる研究のはじまりとなった。両先生と、さまざまな助言をいただいた両演習の参加者たちに感謝の意を表したい。

歴史を研究する上で、文字で表された制度は有力な手がかりである。本書も、基本的には制度の変遷をたどり、可能な限りでその社会的背景や実際の運用、また関連する事象に言及して、消防制度を通じてみたその時代のありさまを描こうと試みた。本書が、東京の消防という絶好の素材をうまく生かせているのかどうかの判断は読者の皆さんに委ねざるを得ない。

聴き取りもまた歴史研究の有力な手法であるが、この分野では山口氏の名著もあることなので、怠惰な筆者はそれを試みなかった。また、東京以外の都市や農村部の消防の歴史も、それらの地域の近代のありさまを考える上で、さらに翻って東京という街の性格を考えるために有力な手がかりとなるはずであるが、筆者の力は及ばなかった。各地の消防関係者によって編纂された興味深い地域ごとの『消防史』のほか、歴史学の研究としても、管見の限りで大阪については飯田直樹氏（一九八六・一九九四）、農村部の一例について後藤一蔵氏（一九八六）の研究がある。興味ある方は参照されたい。筆者としても他日を期したいところである。

なお、本書の拙い文章では実感しにくかったに違いない纏・竜吐水・指俣・腕用ポンプ・蒸気ポンプ・消防自動車、そして関係者の衣装などは、地下鉄丸の内線四谷三丁目駅前の東京消防庁消防博物館で無料で見学することができる。他のさまざまな展示や筆者も利用させていただいた充実した図書室も含め、一見をお勧めしたい。

本書の成り立ちにあたっては、『日本歴史』五七一号に発表した拙稿を目にして単行本化を勧め、遅筆な筆者を督励して下さった吉川弘文館の永滝稔氏と、校正をはじめ編集の労をとられた宮崎晴子氏にまず感謝の辞を捧げねばならない。また校正段階で畏友古川隆久氏（横浜市立大学助教授）は大正・昭和期の部分を、東京大学人文社会系大学院の佐藤かつら氏は歌舞伎に関する部分を、また妻亜紀子（東京大学社会科学研究所助手）は全体を下読みし、有益な御教示を与えてくれた。筆者の非力のため十分に生かしきれなかったが、記して感謝の意を表したい。

一九九九年七月

鈴　木　淳

著者紹介

一九六二年、東京都生まれ

一九九二年、東京大学大学院人文科学研究科博士課程修了

現在、東京大学助教授

著　書

明治の機械工業

歴史文化ライブラリー

80

町火消たちの近代

東京の消防史

一九九九年一一月一日　第一刷発行

著　者　鈴《すず》木《き》淳《じゅん》

発行者　林　英　男

発行所　株式会社　吉川弘文館

東京都文京区本郷七丁目二番八号

郵便番号一一三―〇〇三三

電話〇三―三八一三―九一五一〈代表〉

振替口座〇〇一〇〇―五―二四四

印刷＝平文社　製本＝ナショナル製本

装幀＝山崎　登

歴史文化ライブラリー

1996.10

刊行のことば

現今の日本および国際社会は、さまざまな面で大変動の時代を迎えておりますが、近づきつつある二十一世紀は人類史の到達点として、物質的な繁栄のみならず文化や自然・社会環境を謳歌できる平和な社会でなければなりません。しかしながら高度成長・技術革新にともなう急激な変貌は「自己本位な刹那主義」の風潮を生みだし、先人が築いてきた歴史や文化に学ぶ余裕もなく、いまだ明るい人類の将来が展望できていないようにも見えます。このような状況を踏まえ、よりよい二十一世紀社会を築くために、人類誕生から現在に至る「人類の遺産・教訓」としてのあらゆる分野の歴史と文化を「歴史文化ライブラリー」として刊行することといたしました。

小社は、安政四年(一八五七)の創業以来、一貫して歴史学を中心とした専門出版社として書籍を刊行しつづけてまいりました。その経験を生かし、学問成果にもとづいた本叢書を刊行し社会的要請に応えて行きたいと考えております。

現代は、マスメディアが発達した高度情報化社会といわれますが、私どもはあくまでも活字を主体とした出版こそ、ものの本質を考える基礎と信じ、本叢書をとおして社会に訴えてまいりたいと思います。これから生まれでる一冊一冊が、それぞれの読者を知的冒険の旅へと誘い、希望に満ちた人類の未来を構築する糧となれば幸いです。

吉川弘文館

〈オンデマンド版〉
町火消たちの近代
東京の消防史

歴史文化ライブラリー
80

2017年（平成29）10月1日　発行

著　者　鈴《すず》木《き》　淳《じゅん》
発行者　吉川道郎
発行所　株式会社　吉川弘文館
〒113-0033　東京都文京区本郷7丁目2番8号
TEL　03-3813-9151〈代表〉
URL　http://www.yoshikawa-k.co.jp/
印刷・製本　大日本印刷株式会社
装　幀　清水良洋・宮崎萌美

鈴木　淳（1962～）

ISBN978-4-642-75480-4